Warmes Licht in kalter Nacht

Ein kleines Lesebuch zum großen Fest

Herausgegeben
von Jürgen M. Schymura

camino.

Ein Wort zuvor

Alle Jahre wieder – Dezember. Der Monat mit den kürzesten Tagen und längsten Nächten. Sein Dunkel ist nur schwer zu ertragen. Des Menschen Sehnsucht nach Licht kommt zum Vorschein. Und wie aus dem Nichts sind sie wieder da, die unzähligen künstlichen und kunstvoll drapierten Lichter. Sie blinken farbenfroh in den Fenstern, setzen als Geschenk angepriesene Waren in Schaufenstern und Marktbuden gleißend in Szene. Und selbst die kahlen Bäume an Straßen und in Gärten werden mit Leuchtschlangen zu Lichtträgern. Für Augenblicke schafft sich der Mensch eine zauberhaft scheinende Winter-Lichter-Welt. Sie funktioniert auf Knopfdruck. Einschalten und Ausschalten. Licht und Finsternis je nach Bedarf. Äußerlich wirkt sie erhellend und schafft eine stimmungsvolle Atmosphäre, innerlich bleibt es kalt

und finster. Wirklich warm ums Herz kann es aber dabei nicht werden.
Licht, das wärmt, kommt dagegen nicht aus der Steckdose. Es schöpft sein Leuchten aus einer anderen Kraftquelle. Die kommt vom Himmel her. Ein Engel kündet es an, ein Stern weist den Weg. Mitten in der Nacht, die heilig genannt wird, erscheint es. In ihr wird das Dunkel ein für alle Mal lichtvoll durchbrochen. Der Schöpfer des Himmels und der Erde wendet sich in besonderer Weise den Menschen zu. Der große Allmächtige macht sich klein. Er wird Mensch. Seine Zusage der Barmherzigkeit wird Person, bekommt einen Namen, ein Gesicht, hat Hand und Fuß. Dieses göttliche Menschenkind strahlt nicht an, es strahlt aus. Was für ein wärmendes Licht in kalter Nacht!
In den Texten dieses Buches spiegelt sich die Botschaft des Advents und der Weihnacht wider. Ihre Gedanken sind Lichtträger dieser Heiligen Zeit und laden ein, dieses wärmende Strahlen zu suchen. Auf dass uns dieses hoffnungsschenkende Licht aufgehe nicht nur an diesen festlichen Tagen, sondern auch an den Tagen des neuen Jahres!

Jürgen Michael Schymura

Inhalt

Die Zeit des Advents

Die Kraft der Lieder

Das Licht der Weihnacht

Der Segen für das Neue Jahr

Die Zeit des Advents

Heilige Zeit

EGON KAPELLARI

Bei einem Besuch in einer Abtei von Benediktinerinnen erzählte mir eine sehr betagte Nonne, sie sei schon vor mehr als sechzig Jahren in dieses Kloster eingetreten, aber die Jahre seither seien wie im Flug vergangen. Grund dafür sei wohl vor allem der schöne Rhythmus des Kirchenjahres gewesen mit seinen Festen, mit der Vorbereitung darauf und dem Nachklingen, mit der Schwelle zwischen Wochentag und Sonntag. Und darüber hinaus ist ja jeder Tag in einer Abtei nochmals gegliedert durch den Wechsel zwischen Stundengebet und Arbeit. Langeweile kann in einem solchen Tages- und Jahreslauf nicht leicht aufkommen.

Zeit wird sehr unterschiedlich erlebt. Hölderlin hat seine Epoche als eine »dürftige Zeit« empfunden, weil das Göttliche aus ihr entschwunden schien. Einen trüben Sonntagmorgen erlebte er als

»bleierne Zeit«. Marie-Luise Kaschnitz hat unsere Gegenwart im Kontrast dazu eine »reißende Zeit« genannt. Von einer »erfüllten Zeit« spricht Jesus am Beginn seines öffentlichen Wirkens: »Die Zeit ist erfüllt, das Reich Gottes ist nahe. Kehrt um und glaubt an das Evangelium« (Mk 1,15). Beim Abschied von den Jüngern vor seinem Tod spricht er von der ihnen verbleibenden Zeit als einer »kleinen Weile«: »Eine kleine Weile noch, und ihr werdet mich wiedersehen« (Joh 16,16). In dem Maße, wie sich ein Mensch auf Gott und auf das Reich Gottes hin öffnet, wird seine Zeit zur »erfüllten Zeit«. Die »kleine Weile« seines Lebens ist ohne Langeweile. Die Redensart »Ich habe keine Zeit« prägt heute den Alltag vieler Menschen. Andererseits gibt es immer mehr Menschen, die empfinden, zu viel Zeit zu haben. Dazu gehören die Einsamen, von denen viele betagt und krank sind. Zeit haben heißt, in der Gegenwart Gottes leben, sagt ein Spruch religiöser Weisheit. Das Kirchenjahr, ein in Jahrhunderten gewachsenes Kunstwerk des Glaubens, ist ein Rahmen, der Zeit für Gott ausspart und damit auch Zeit für viel Kostbares, das in Hast und Lärm nicht wahrgenommen wird.

Zum Wesentlichen des jüdisch-christlichen Erbes gehört es, dass der siebente bzw. der erste Tag der Siebentagewoche vor allen anderen Tagen der Besinnung, dem Gottesdienst und der relativen Arbeitsruhe vorbehalten ist. Durch viele Jahrhunderte hat dieser Rhythmus von sechs Arbeitstagen und einem Ruhetag den Ablauf der Zeit strukturiert. Er gab dem Leben Halt und Orientierung. Die daraus erwachsene Lebenskultur ist seit langem unterminiert und wird heute auch in ihren Restbeständen durch ökonomische Interessen in Frage gestellt. Der hohe Preis dafür ist noch nicht bekannt. Eine breite Allianz zur Bewahrung des Sonntags sollte in Europa baldigst geschlossen werden.

Vorweihnachtliche Besinnung (22.12.1942)

ALFRED DELP

Der Sinn unserer christlichen Feste ist nicht zunächst der, daß wir einen äußeren Feiertag halten, sondern daß wir bestimmte Geheimnisse Gottes an uns geschehen lassen und selber tun. Es ist da etwas ins Innerste des Menschen Reichendes gemeint, mehr, als es in den äußeren Symbolen auch nur angedeutet werden kann. Wer nicht Augen des Geistes hat und nicht in der Seele offen und wach geworden ist, wird es nicht verstehen, warum wir im Lauf des Kirchenjahres so oft feierlich werden, – wo die Kirche vor uns steht mit der großen Geste und

der großen Haltung und den feierlichen Zeichen. Es ist nur ein Versuch, etwas anzudeuten, was viel tiefer reicht und viel ernster genommen werden muß.
Es ist eine dreifache Art notwendig, Feste zu feiern. Erstens eine geschichtliche Erinnerung. Die Feste ruhen immer auf einer nachweisbaren geschichtlichen Tatsache auf. Wir sollten nicht ungezügelt darauf los schwärmen. Es ist eine Frage der Kritik und der Erkenntnis: Was ist eigentlich los? Von Gott her gesehen, ist immer mit dem Geheimnis ein klar umschriebener Inhalt, eine klare Aussage gemeint, eine Tatsache.
Und dann geschieht das Zweite: in all dem steckt immer das große Geheimnis, das Mysterium: daß etwas geschieht zwischen Himmel und Erde, was alles Erkennen übersteigt, das präsente Geheimnis, das endgültig in der Welt steht bis zum Ende der Zeiten, das immer am Geschehen ist, das bleibende Mysterium.
Aus diesen beiden ergibt sich die dritte Form, in der die Feste ernst und gewichtig genommen werden müssen: Aus der geschichtlichen Tatsache und aus der Sache des Geheimnisses wird das Fest jeweils eine Forderung an das konkrete Leben, eine

Botschaft, die von dem angesprochenen Menschen Haltung und innere Entscheidung verlangt.
Das Weihnachtsfest. Es ist die Geburt des Herrn. Es ist nachweisbar, daß in dieser Nacht Christus geboren wurde. Das große Geheimnis, das dahintersteht, die Vermählung Gottes mit der Menschheit: daß die Menschheit nur da noch voll ist, wo sie in die Vermählung hineingewachsen ist. Und als konkrete Gegenwart wird es bedeutsam herauszufinden, was diese Vermählung zwischen Gottheit und Mensch, die in der Heiligen Nacht begonnen hat, an Forderung und Aussage für diese Menschen bedeutet. (...)
Die Epistel der dritten Weihnachtsmesse [sagt]: »Vielfach und auf mancherlei Weise hat Gott früher durch die Propheten zu den Vätern geredet. Zuerst hat er in diesen Tagen zu uns geredet durch den Sohn, .den er zum Erben des Weltalls eingesetzt hat. Er ist der Abglanz der Herrlichkeit und das Ebenbild seines Wesens und trägt das Weltall durch das Wort seiner Allmacht.« (Hebr 1,1–3). Man sollte eigentlich, bevor man sich in die persönliche Frömmigkeit und Betrachtung oder Lesung der Geschichte der Hl. Nacht begibt, diese schweren Verse des Hl. Paulus lesen, um innerlich angerührt zu sein von der Wucht

des Festes, das wir feiern. Wir Deutsche sind etwas in der Gefahr, das Fest zu verbergen hinter bürgerlichem Brauchtum und Sentimentalität, hinter all dem, was uns das Fest lieb und wert macht. Aber vielleicht bleibt der tiefe Sinn dahinter versteckt. Was da gefeiert wird, ist die Stiftung einer endgültigen Ordnung für die Welt, einer Sinnmitte allen Daseins. Wir feiern kein Kinderfest, sondern die Tatsache, daß Gott sein letztes Wort zur Welt gesprochen hat. Christus ist das letzte Wort Gottes an die Welt. Man muß es in diesen Tagen auf sich wirken lassen, wo neue Werte gesucht werden; wenn man Gott ernst nimmt, die Beziehung zwischen Gott und Welt, und wenn man weiß, wie Gott wichtig ist für das allgemeine und private Leben, muß einen das anrühren. Das letzte Wort Gottes an die Welt. Gott widerspricht sich nicht und wiederholt sich nicht. Man muß bei allem Willen zum Begreifen-Wollen innerlich selber das vollzogen haben: Christus als letztes Wort Gottes an die Welt.

Und Christus hat sich selber als Botschaft vor uns hingestellt. Daß er als Kind kam, beweist, wie sehr Gott daran liegt, daß die Botschaft aufgenommen wird. Und die Welt hat von dieser Hl. Nacht her die Möglichkeit, in der Nähe Gottes zu stehen oder außerhalb Gottes zu stehen. Die ganze Epistel will nur dieses sichtbar machen: Nehmt doch das, was da geschehen ist, ernst, was da in die Welt kam, ist Ebenbild seines Wesens, ist Gott selber. Er hat die Menschheit herausgehoben aus allen falschen Ordnungen, in dieser geweihten Nacht, in dieser gesegneten Nacht. Das, was uns hier gesagt wird, wird das eigene Leben und wird das Leben der gesamten Menschheit.

Der Adventskranz

ERICH PURK

Der Adventskranz gehört für mich schon seit Kindertagen unbedingt zum Advent dazu. Woche für Woche stecken wir am Adventskranz eine Kerze an. Kann man sich sehnsuchtsvoller einem Fest nähern? »Mache dich auf und werde Licht, denn dein Licht kommt!« Man kann auch mit Kindern singen: »Advent, Advent, ein Lichtlein brennt. Erst eins, dann zwei, dann drei, dann vier, dann steht das Christkind vor der Tür.« Solche Lieder wecken in mir viele Erinnerungen und beleben meine Erwartungen.

Vor der Adventszeit hat unsere Mutter einen Kranz aus Tannenzweigen gebunden. Die Zweige durften wir Jungen im Wald schneiden. Auf dem Kranz wurden vier Kerzen in den vier Himmelsrichtungen angebracht. An jedem Adventssonntag durfte im Wechsel eines der Kinder eine Kerze mehr

anstecken. Ursprünglich bedeutet das: Das Licht nimmt zu, und mit ihm auch die Erwartung auf die Geburt Jesu Christi, der im christlichen Glauben als »Licht der Welt« bezeichnet wird.
Man könnte glauben: Den Adventskranz muss es schon immer gegeben haben. Das ist aber gar nicht so. Noch zu Beginn des 20. Jahrhunderts war er in vielen Familien unbekannt. Der evangelische Theologe Johann Wichern benutzte am 1. Advent des Jahres 1838 kranzförmig aufgestellte bunte Wachskerzen zur Andacht. Allmählich hat sich die Sitte des Adventskranzes dann von Norddeutschland aus weiter verbreitet.
Der Adventskranz ist voller Symbolik. Der Kreis steht für die Vollendung, die uns verheißen ist. Das Grün der Zweige weist hin auf die Kraft des Lebens an sich und die Kerzen deuten auf das kommende Licht, das in der Weihnachtsnacht, der längsten aller Nächte, die Welt erleuchtet.
Wenn im Winter alles Leben in Kälte und Frost erstarrt, fällt das Grün mancher Bäume und Sträucher besonders auf. So glaubte man, sich Gesundheit ins Haus zu holen, wenn man sein Heim mit Grünem schmückte. Fichte, Tanne und Buchsbaum, Ilex und

Wacholder wurden besondere Kräfte zugesprochen. Der grüne Adventskranz oder nur der grüne Tannenzweig, der die Wohnung schmückt, erinnert offensichtlich daran, dass wir auf die Kräfte des Lebens vertrauen dürfen.

Warten und Hoffen

KARL LEHMANN

Am sogenannten Ersten Adventssonntag beginnen wir ein neues Kirchenjahr – ein Anfang, der uns zugleich auf Weihnachten hin einstimmt und damit auch bald auf ein neues bürgerliches Jahr. Aller Anfang scheint zunächst leicht zu sein. Wir schließen eine alte Zeiteinheit ab und lassen sie hinter uns.

Aber so einfach ist es dann doch nicht. Wir nehmen uns ja selber mit, damit auch den alten Schlendrian und alles, was uns an einem wirksamen Willen zur Änderung und Besserung hindert. Deshalb ist es heilsam, wenn wir mit Worten aus dem Römerbrief des Heiligen Paulus im Blick auf diesen Anfang und seine Chancen aufgerüttelt werden.

Brüder (und Schwestern)!
Bedenkt die gegenwärtige Zeit:
Die Stunde ist gekommen, aufzustehen vom Schlaf.

Denn jetzt ist das Heil uns näher
als zu der Zeit, da wir gläubig wurden.
Die Nacht ist vorgerückt,
der Tag ist nahe.
Darum lasst uns ablegen die Werke der Finsternis
und anlegen die Waffen des Lichts.
Lasst uns ehrenhaft leben wie am Tag,
ohne maßloses Essen und Trinken,
ohne Unzucht und Ausschweifung,
ohne Streit und Eifersucht.
Legt als neues Gewand den Herrn Jesus Christus an
und sorgt nicht so für euren Leib, dass die Begierden erwachen. (Röm 13,11–14)

Wir sollen nicht einfach weiterschlafen, uns zufriedengeben mit dem, was und wie wir sind. Der Schlaf, der uns nach des Tages Müh so wohltut, darf keine ständige Lebensform werden. Wir sollten erneut darum wissen, in welcher besonderen und herausfordernden Zeit wir leben. Paulus verwendet hier ein eigenes griechisches Wort, nämlich »kairos«, das einen besonders qualifizierten, schicksalsträchtigen Augenblick bezeichnet. Wir könnten hier frei übersetzen: Wir wissen, was die Stunde geschlagen hat!

Paulus verwendet ein in der Urchristenheit geläufiges Bild: Die Stunde ist schon da, aufzustehen vom Schlaf. Die Menschen warten auf das Kommen des Menschensohnes. Plötzlich kündigt ein Weckruf die Ankunft des Erwarteten an (vgl. Mt 24,42–25,13) – nach einem Wort im Brief an die Epheser, das uns schon bei der Taufe zugerufen wird: »Wach auf, du Schläfer, und steh auf von den Toten, und Christus wird dein Licht sein« (Eph 5,14). Die Wachsamkeit muss jetzt besonders groß sein: »Denn jetzt ist das Heil uns näher als zu der Zeit, da wir gläubig wurden.«

Wie wichtig gesteigerte Wachsamkeit ist, unterstreicht Paulus nochmals durch das Bild vom kommenden Tag: »Die Nacht ist vorgerückt, der Tag ist (ganz) nahe.« Der Apostel denkt aber nicht an eine kalendermäßig und chronologisch messbare Zeit, sondern er möchte die Konsequenzen für eine Lebensführung beschreiben, die dem »anbrechenden Tag« entspricht. Er spielt dabei mit der Bedeutung des Wortes Gottes: Tag im Gegensatz zu Nacht und Finsternis, wie er dies auch sonst öfter macht (vgl. 1 Thess 5,1–10). Tag ist das Wort für das Licht des Tages,

das von denen gemieden wird, die Unanständiges und Böses im Sinn haben. Ein solches Verhalten ist typisch für das Dunkel der Nacht. Die Finsternis der Nacht steht für die Macht, die das Böse will und wirkt. Der Tag steht für das hereinbrechende Licht der kommenden Herrschaft Gottes, die alles Böse überwinden und Heil für die bringen wird, die sich ihm glaubend geöffnet haben.
Aber vielleicht muss man sogar noch einen Schritt zurückgehen, wenn in so deutlicher Form vom Aufstehen aus dem Schlaf gesprochen wird. Leben wir nicht manchmal einfach dahin, von Tag zu Tag, als ob alles gleichgültig wäre, von der Hand in den Mund? Seit alter Zeit gilt der Mensch als ein Wesen der Wachsamkeit. Wir sind nicht Tiere, die allein ihrem Instinkt vertrauen können. Wir müssen viel aufmerksamer sein. Die Gefahren für den Menschen sind viel größer, und wir sind auch anfälliger für vieles, was uns schädigt. Die Wächter auf den Türmen unserer Städte, die die ganze Nacht, während wir schlafen, Ausschau halten nach einem eventuell ausbrechenden Feuer – sie sind zugleich ein Sinnbild für den wachen Menschen, auch wenn wir heute keine Wächter mehr auf unseren Türmen haben.

Wachsam und aufmerksam sein kann man aber nur, wenn man etwas erwartet und erhofft, und sei es nur ein heller, gesunder Tag. Dabei ist es wichtig, dass wir etwas erwarten. Warten allein genügt nicht, wir dürfen in unserem Leben nicht einfach herumsitzen, als ob wir ständig untätig wie in einem ewigen Wartezimmer sitzen. Absitzen nennt man so etwas. Dies würde aber auch bedeuten, dass wir unsere Lebenschancen verpassen und regelrecht verschlafen. Der Mensch ist, wie er ein Wachender ist, auch ein Wartender. Er hofft immer auf etwas. Sonst gibt es keine Spannung im Leben. Wir sind immer auch auf eine – und sei es auch eine noch so kleine – Erfüllung aus. Dies kann die Vorfreude sein auf das baldige Gelingen eines Vorhabens, das Eintreffen einer glücklichen Nachricht oder das Glücken einer langersehnten Begegnung, vielleicht ein Wiedersehen. Jedes Warten ist ein Stück weit die Vorwegnahme kommender Ereignisse, auf die wir uns insgeheim freuen. Ein Mensch, der gar nichts mehr zu erwarten hat, ist buchstäblich »fertig«. Aber dann verlieren wir auch die Auszeichnung, ein Mensch zu sein.

Der Advent setzt an diesem Punkt unserer menschlichen Erfahrung ein. Er hat etwas mit unserer

Zukunft zu tun. Wir träumen von etwas, wir ersehnen etwas, wir hoffen auf jemand. Unsere Ziele können weit vor uns liegen wie ein Pfeil unserer Sehnsucht. Ja, es können Träume und Utopien sein. Gerade wenn wir in Not sind, spüren wir, wie wichtig eine Wende ist, die wir erwarten. Viele Menschen, auch in unserer Welt, einzeln und in Gemeinschaft warten, dass sie ihren Hunger befriedigen, ihren Durst stillen und Gerechtigkeit erlangen können: Freiheit zumal. So ist der Advent immer auch gekennzeichnet durch viele Einzelne und ganze Völker, die durch die Nacht der Knechtung und der Bedrückung gehen. Deshalb sollten wir auch in der Adventszeit besonders sensibel sein für das Leiden und die Hilfsbedürftigkeit so vieler Menschen auf unserer Welt. Den Erwartungen anderer Raum zu geben, sie nicht ins Leere laufen zu lassen, ist ein wichtiges Werk des Friedens.

Die Menschen wissen seit uralter Zeit, dass dieser Friede nicht einfach von selbst kommt, automatisch eintritt oder wie ein Blitz vom Himmel fällt. Sie erwarten vielmehr Menschen von ganz besonderer Art, die diesen Umschwung herbeiführen: Herrscher mit besonderem Geschick – aber Gewalt macht es nicht, sondern schafft nur neues Unrecht und Leid –; Führer und Könige mit großer Weisheit und dem Willen zur Gerechtigkeit für alle. Aber dies sind ja Erwartungen, die oft in der Menschheitsgeschichte bitter enttäuscht wurden. Sie suchen nach einem wirklichen gerechten Richter, der die Wege zum Frieden eröffnet. Die Sehnsucht danach ist in allen Religionen groß.

Dies ist auch der Grund, warum man das Wort vom Advent, besonders seit dem Kommen Jesu Christi, nochmals anders verstehen kann. Advent heißt auf der einen Seite Zukunft, wie wir es bisher verstanden haben. Advent heißt aber auch Ankunft. Damit ist gemeint, dass unsere Zukunft von vorn her auf uns zukommt. Es ist eine Zukunft, die nicht wir einfach machen, sondern die uns von vorn geschenkt wird. Diese Zukunft ist dann etwas ganz Neues. Zukunft ist nicht zuerst »futurum«: unsere nach vorn entworfenen Möglichkeiten, sondern »adventus«: Gott selbst kommt von vorn auf uns zu.

Gott spricht wie bei den Propheten: »Ich will euch eine Zukunft und eine Hoffnung geben« (vgl. z. B. Jer 29,11). So souverän und frei kann nur Gott selbst reden. In einem Menschenmund wäre ein solches

Wort vermessen. Nur derjenige, der auch die Unwahrheit und die Sünde, die Ungerechtigkeit und den Tod besiegt, kann dieses steile Wort sagen: Ich gebe euch eine Zukunft und eine Hoffnung. Immer wieder wird der wartende Mensch dieses »Ich« suchen. Der Advent gibt uns eine neue Chance für einen solchen Aufbruch in unsere Zukunft hinein. Er stellt uns dabei Menschen zur Seite, die wirkliche Wegweiser sind. Sie helfen uns, dass wir nicht einschlafen und schläfrig werden. Sie wecken uns immer wieder, indem sie uns die Augen öffnen. Wir sind nicht allein, sondern haben Helfer und Tröster als Weggenossen in unserer Nähe. Es sind die Propheten des Alten Bundes, die uns durch die Jahrhunderte begleiten. Es gibt unter diesen Propheten Johannes den Täufer, der die Wege für einen Größeren bereitet. Und es gibt auf diesem Weg auch die zunächst so unscheinbare junge Frau aus dem einfachen Volk Israels, die Maria heißt und in ganz besonderer Weise wachsam und offen ist für das immer überraschende Wort Gottes in unser Leben hinein. Wenn wir auf diese Gestalten der Wachsamkeit und der Hoffnung achten, dann haben wir auch die Chance, in Jesus den Erlöser und

Befreier von aller Ungerechtigkeit und Sünde, den Vollender unserer Hoffnung zu erkennen.
Freilich müssen wir noch etwas bedenken. Wenn wir nicht alles von unserem aktiven Tun, von Aktivismus und Religion erwarten dürfen, so erlangen wir auch keine Erfüllung unserer Hoffnungen ohne unser Zutun. Gott schenkt Zukunft und Hoffnung nicht in schlechthin untätige Hände, so wenig sie allein von unserer Leistung abhängig gemacht werden dürfen. Darum sagt uns der Heilige Paulus auch an Beispielen, die heute noch zutreffen: »Darum lasst uns ablegen die Werke der Finsternis und anlegen die Waffen des Lichts. Lasst uns ehrenhaft leben wie am Tag, ohne maßloses Essen und Trinken, ohne Unzucht und Ausschweifung, ohne Streit und Eifersucht« (Röm 13,12b–13). Darum gehört zur Verheißung eines neuen Anfangs auch der Auftrag, nach Gott zu suchen und nach ihm zu rufen.
So viele Lieder im Advent, die von weither kommen und die Sehnsucht der Menschen nach einer neuen Gerechtigkeit durch Jahrtausende hindurch erklingen lassen, helfen uns dabei zu rufen: »Herr, komm!« Aber zu diesem Kommen müssen wir ihm entgegengehen.

Barbaratag

PETRUS CEELEN

Um in schweren Zeiten
wieder Mut zu fassen,
genügt eine gute Nachricht,
ein liebes Wort.
Um die trüben Gedanken
aus der Seele zu vertreiben,
genügt ein kleiner Funke,
ein Hoffnungsschimmer.
Wenig ist oft schon genug.

Am Barbaratag ist es Brauch, einen winterharten Kirsch- oder Forsythienzweig abzuschneiden und über Nacht in lauwarmes Wasser zu legen. Anderntags in Wasser gestellt, wird er dann um Weihnachten aufblühen. So kann man mitten im kalten Winter auf einen grünen Zweig kommen.

Klarheit gewinnen

FRANZ KAMPHAUS

Zu einem Einsiedler kommt ein junger Mann und fragt ihn: »Welchen Sinn hat die Stille?« Der Einsiedler schöpft gerade Wasser aus dem Brunnen. »Schau in den Brunnen«, sagt er, »was siehst du?« Der junge Mann blickt in den Brunnen. »Ich sehe nichts.« Nach einer Weile fordert der Einsiedler ihn wieder auf: »Schau in den Brunnen, was siehst du?« Der junge Mann blickt hinunter und sagt: »Jetzt sehe ich mich selbst.«

– »Siehst du«, spricht der Einsiedler, »als ich Wasser schöpfte, war es unruhig, und du sahst nichts. Jetzt ist das Wasser still, und du siehst dich selbst. Das ist der Sinn der Stille.«

Nikolaus

NIKOLAUS KUSTER

Nikolaus, dessen Fest in diesen Tagen gefeiert wird, hat Grenzen überschritten. Viele Legenden ranken sich um sein Leben. Eine wird Bild in seiner Darstellung mit drei goldenen Äpfeln in der Hand. Sie erinnern an die Not dreier Töchter, deren Vater so bitter arm war, dass er ihnen nicht nur keine Heirat ermöglichen konnte, sondern sogar an Prostitution dachte.

Wir wissen aus armen Ländern, dass ausweglose Not auch heute Eltern zu erschreckenden Grenzüberschreitungen treiben kann, bis hin zur Prostituierung ihrer Kinder! Als junger Mann habe Nikolaus dreimal nachts den Töchtern eine Kugel Gold durchs Zimmerfenster geworfen. Unerkannt wollte er ihnen so traumatische Erfahrungen ersparen, die Mitgift besorgen und eine hellere Zukunft ermöglichen.

Es gibt befreiende Grenzüberschreitungen: von

der Selbst- zur Nächstenliebe, vom Zuschauen zum Handeln, von außen in familieninterne Zwänge oder Nöte, vom Mitleiden zu befreienden Schritten. Mögen alle, die in diesen Tagen als »Samichläuse« (heilige Nikolause) unterwegs sind, in ihren Begegnungen etwas vom wachen Blick und vom befreienden Tun ihres Vorbildes spürbar machen.

Innere Heimat

PETRA FIETZEK

Zu den menschlichen Urbedürfnissen gehört es, Heimat zu haben. Heimat hat mit den Wurzeln der eigenen Lebensgeschichte zu tun, mit Vertrautheit und sinnenhaften Eindrücken. Mit Geborgenheit, zuweilen auch mit Enge. Eindrücke aus dem Heimatort, der Heimatstadt wirken bis ins hohe Alter nach, so dass manch alter Mensch in kleinsten Kleinigkeiten den Schotterweg vor seinem Elternhaus, den Duft der Obstwiesen am Ortsausgang, die knarrenden Geräusche des Kaugummiautomaten neben seiner Schule jederzeit in sich wachrufen kann.

Die eigene Heimat ist in die Seele vieler Menschen eingemalt. Sie können sie in ihren Erinnerungen aufsuchen, auch wenn sie ihre Herkunftsstätte durch Ortswechsel, Vertreibung oder Flucht längst verlassen haben. Friedrich Nietzsche, dichtender Philosoph und Querdenker im 19. Jahrhundert, setzte sich in seinen Werken oftmals mit dem

Thema »Heimat« auseinander. So heißt es in seinem sechsstrophigen Gedicht *Vereinsamt*:

Die Krähen schrein
Und ziehen schwirren Flugs zur Stadt:
Bald wird es schneien.
Wohl dem, der jetzt noch Heimat hat!
Nun stehst du starr,
Schaust rückwärts, ach! wie lange schon!
Was bist du Narr
Vor Winters in die Welt entflohn?

Die bunte, unpersönliche Welt kann in den Augen des Dichters kein tragendes Gegengewicht für den tiefen Wert von Heimat bieten. Für Nietzsche ist die Welt ein Tor zu immer größer und kälter werdender Verlorenheit inmitten von Anonymität. Der Mensch, der heimatlos in die Oberflächlichkeiten dieser Welt flieht, muss haltlos und unstet werden. Ohne eigene Verwurzelung wird er zu einem vogelfreien Narren.

Die Krähen schrein
Und ziehen schwirren Flugs zur Stadt:
Bald wird es schnein,
Weh dem, der keine Heimat hat!

In der letzten Strophe des Gedichts gipfeln die Aussagen in der warnenden Klage: Weh dem, der keine Heimat hat! In seinen Werken geht es Friedrich Nietzsche um weitaus mehr als um den Verlust des realen Heimatortes: Er nimmt die äußere Heimat als Bild für die innere Heimat eines Menschen. Innere Heimat erwerben wir uns im Laufe unseres Lebens. Sie entsteht, blüht oder welkt in dem Maße, in dem wir in uns selbst zuhause sind. Dazu brauchen wir fruchtbaren Nährboden. Dieser Nährboden entsteht durch positive menschliche Beziehungen, durch Wohlfühlen in unserem täglichen Tun, durch die Entfaltung unserer Persönlichkeit. Er entsteht jedoch vor allem dadurch, dass wir einen tragenden Sinn in unserem Dasein verspüren. Dieser Sinn kann auf unterschiedliche Weise gefunden werden. Das umfassendste Angebot, das das gesamte menschliche Dasein trägt und durch den Tod in die Ewigkeit weitet, findet sich im Glauben an den lebendigen Gott. Dieser Glaube besagt, dass jeder Mensch individuell von Gott gemeint ist und von Ihm in dunklen und hellen Zeiten begleitet wird. Mit jenem Glauben sind wir in der Anonymität der schillernden Welt nicht verloren, sondern in der persönlichen Beziehung zu Gott geborgen. Dieser Glaube kann uns innere Heimat geben.

Innere Heimat im Glauben ist jedoch kein fester Besitz. Sie will bebaut und gepflegt werden und braucht unsere Bereitschaft, immer wieder nach Gott zu suchen und uns von Gott finden zu lassen. Dazu weist uns der Menschen und Gottessohn Jesus den Weg. Jesus gerät in den kurzen Jahren seines öffentlichen Wirkens oftmals in Bedrängnis durch Menschenmassen und zieht sich bewusst zurück: in ein Haus, auf einen Berg, in einen Garten. Dorthin, wo er Stille findet und Einsamsein. Sein Einsamsein ist nicht jene Verlorenheit, von der Friedrich Nietzsche in seinem Gedicht spricht. Das bewusste Einsamsein Jesu ist getragen von seiner tiefen Beziehung zu Gott. Darin erfährt auch der Gottessohn innere Heimat. Für Jesus war es notwendig, sich Auszeiten zu nehmen. Dann konnte er sein Handeln und Denken vor Gott ordnen und zugleich von Gott innerlich Kraft erhalten, seinen Weg fortzusetzen. Auch wir können im Glauben an Gott stärkende Geborgenheit in uns selbst finden. Es liegt an uns, diese innere Heimat zu entdecken und zum Blühen zu bringen, selbst in kalten Zeiten.

Da irrt die Sonnenuhr

ANDREA SCHWARZ

Manchmal liest man ihn noch, den alten Spruch: »Mach es wie die Sonnenuhr: Zähl die heit'ren Stunden nur!« – ob das ein Lebensmotto sein könnte? Was aber ist dann mit den vielen dunklen Stunden, die die kommenden Monate sicher auch für uns bereithalten, die Stunden voller Einsamkeit und Trauer, voll Angst und Sorge, mit Unglück und Krankheit? Zählt das dann alles nicht?
Zugegeben, solche dunklen Stunden sind keine schönen und angenehmen Stunden, und man neigt dazu, sie so schnell wie möglich zu vergessen oder gar nicht erst an sich herankommen zu lassen. Aber so zu tun, als ob es sie nicht gäbe, nimmt sie ja auch nicht weg.

»Christus hat die Finsternis zu seinem Versteck gemacht« – so stand es in einem Weihnachtsgruß, den ich bekam. Welch schöner und tröstender Gedanke! Mitten in all dem Dunkel meines Lebens ist Christus verborgen – auch wenn ich ihn nicht auf Anhieb finden kann. Weihnachten war und ist eben nicht die Einladung, nur die »heit'ren Stunden« zu zählen, sondern sich auch dem Dunkel zu stellen, in der Gewissheit, Gott ist auch dort, er versteckt sich nur. »Und das Licht leuchtet in der Finsternis, und die Finsternis hat es nicht erfasst.« Mehr noch: Christus selbst hat das dunkelste Dunkel auf sich genommen – mitten im Dunkel ist Gott dabei. Und ich glaube, das ist ein Motto, das wirklich durch ein Leben hindurch tragen kann ... Christus hat die Finsternis zu seinem Versteck gemacht.

Worauf Verlass ist

WALTER KASPER

Jedes Jahr bedeutet die Adventszeit für uns Christen einen Einschnitt, um innezuhalten und um uns neu zu besinnen auf das, was uns trägt und hält, was unserem Leben Sinn und Richtung gibt. Zu den biblischen Texten, die im Gottesdienst der Kirche in der Adventszeit gelesen werden, gehören die apokalyptischen Ausblicke auf das »Ende der Welt«. Das dreizehnte Kapitel des Markusevangeliums malt ein Bild des Schreckens: Sonne und Mond werden sich verfinstern, die Sterne werden vom Himmel fallen, und die Kräfte des Himmels werden erschüttert werden.

Diese Bilder entstammen einem vergangenen Weltbild, aber sie sagen auch heute noch etwas

Entscheidendes: Unsere Welt ist nicht ewig, und nichts in dieser Welt ist ewig. Die scheinbar sicheren Ordnungen, auf die wir uns meist verlassen, sie sind vergänglich. Das großartige System der Welt und die großartigen Systeme dieser Welt, sie brechen eines Tages zusammen. Auf sie ist kein endgültiger Verlass.

Haben wir nicht gerade dies schon oft erlebt? Von den mächtigen Reichen der Geschichte, ihrem sagenhaften Reichtum und mit Kunstschätzen erfüllten Städten sind nur Ruinen übriggeblieben. In unserer Lebenszeit sind die Berliner Mauer und der eiserne Vorhang gefallen, und mit ihnen sind das nach Weltherrschaft strebende Imperium der Sowjetunion und die Ideologie des Kommunismus fast über Nacht untergegangen.

Ja, es ist wahr, was der Apostel Paulus sagt: »Die Gestalt dieser Welt vergeht« (1 Kor 7,31). Wer auf sie baut, der baut sein Leben auf den Flugsand der Geschichte, den der Wind der Zeit verweht. »Du Tor«, sagt Jesus, »schon in dieser Nacht kann dein Leben von dir gefordert werden« (Lk 12,20).

Doch das dreizehnte Kapitel des Markusevangeliums endet nicht mit einer Schreckensbotschaft. Es sagt uns vielmehr, was bleibt, worauf Verlass ist, worauf wir unser Leben dauerhaft bauen können: »Himmel und Erde werden vergehen, aber meine Worte werden nicht vergehen.« Das Wort Gottes bleibt in Ewigkeit. Denn Gott ist treu; auf ihn ist Verlass. Auf sein Wort kann man bauen. »Du, Herr bis unser Vater, ›unser Erlöser von jeher‹ wirst du genannt« (Jes 63,16).

Das Wort Gottes ist vor allem ein Wort der Verheißung und der Hoffnung. Es sagt uns: Gott ist der Herr der Welt und der Geschichte. Er hält die Fäden in seiner Hand. Am Ende wird er die zerstreuten Auserwählten, die durch Gottes Gnade Gerechten, welche nach Gottes Wort leben, aus allen Windrichtungen sammeln und das Reich des Friedens, der Gerechtigkeit, der Wahrheit und der Liebe aufrichten. Dann wird Gott alles in allem sein (1 Kor 15,28).

Deshalb haben auch die Gebote Gottes bleibend Bestand. Sie sind nicht überholter altmodischer Plunder, sie sind auch für uns heute ein sicherer Wegweiser. Sie wollen unser Leben nicht einschnüren und uns nicht unfrei machen. Sie sind Worte des Lebens; sie wollen uns helfen, dass unser Leben

gelingt und glücklich wird; sie wollen uns zum wahren, zum erfüllten, zum ewigen Leben führen.
In unserer Zeit, wo so viele Menschen vom Leben enttäuscht sind und Hoffnung Mangelware geworden ist, wo Enttäuschung, Mutlosigkeit und Resignation herrschen, dürfen wir Christen Menschen des Advents sein, Menschen des Vertrauens, Zeugen der Hoffnung. Denn ohne Hoffnung kann niemand leben: kein Mensch, kein Volk und erst recht nicht die Kirche. Wir sollen bezeugen, dass das Leben und die Welt nicht ins Leere laufen, sondern einmünden in Gottes Reich.
Was folgt daraus? Nicht sorglose Unbekümmertheit, die denkt: Alles ist nicht so schlimm und alles ist nicht so wichtig; es wird am Ende schon gut gehen. Eine solche oberflächliche Happyend-Haltung ist dem Evangelium Jesu fremd; er spricht eine andere, eine viel ernsthaftere Sprache: »Seht euch also vor, und bleibt wach!«
Damit wir diese Aufforderung auch wirklich ernst nehmen, wiederholt Jesus sie noch zweimal: »Seid also wachsam!« Das will sagen: Schlaft nicht, und wiegt euch nicht in einer falschen Sicherheit! »Denn ihr wisst nicht, wann die Zeit da

ist.« Die christliche Hoffnung richtet sich nicht auf einen »Sankt-Nimmerleins-Tag«. Sie ist keine utopische Fernerwartung. Die Hoffnung auf die Ankunft Christi richtet sich auf das Jetzt: Jetzt ist die Zeit; jetzt ist die Stunde. Jeder Tag zählt. Jeder Augenblick kann die Stunde Gottes sein.
Das ist uns heute gesagt. Die Müdigkeit, Sorglosigkeit und Schläfrigkeit von uns Christen sind eine große Gefahr. Deshalb heißt es im Neuen Testament: »Seid nüchtern und wachsam! Euer Widersacher, der Teufel, geht wie ein brüllender Löwe umher und sucht, wen er verschlingen kann« (1 Petr 5,8). Der Kampf gegen das Böse, gegen die Versuchungen ist an jedem Tag zu bestehen. Jeden Tag gilt es, als Christ hellwach die »Zeichen der Zeit« zu erkennen und die Möglichkeiten, welche sich auftun, mit Klugheit, aber auch mit Mut und Zuversicht zu ergreifen und zu tun, was heute möglich ist. Mitten im Alltag dieser Welt soll Advent sein, weil Gott in uns ankommen will in einem Leben des Gebets und der Werke der Liebe.
Im Glauben wissen wir: Jesus Christus, der Herr der Kirche, ist mit uns alle Tage bis zum Ende der Welt (Matthäus 28,20). Dieses Vertrauen und diese

Hoffnung sind lebenswichtig für unser ganzes Dasein als Christen. Als adventliche Menschen bauen wir nicht auf die Strukturen dieser Welt, wir sind vielmehr voll Hoffnung auf die kommende Welt. So können wir mit Mut jeden Tag die Portion Last, die uns zugemutet ist, tragen und jeden Tag aufs Neue bereit werden für Gott und sein Reich, das Gerechtigkeit, Friede und Freude im Heiligen Geist ist (Röm 14,17).

Teure, treue Engel

PAUL WEISMANTEL

Ja, das seid ihr schon so oft gewesen,
und ihr seid es auch heute, an der Seite
der Kinder, der Alten, eines jeden von uns.
Wer wollte leben ohne euren Beistand,
ohne eure schützenden Flügel und leisen
Sohlen, auf denen ihr kommt und geht?
Wir sind es euch und einander schuldig,
uns zu erinnern an eure starken Arme,
die ihr hilfsbereit nach uns ausstreckt.
So geschieht euer verborgenes Wirken
in kleinen Diensten, die uns im Alltag
von so vielen Seiten entgegenkommen.
Das ist euer geheimnisvolles Wesen,
die durchlässige Lichtgestalt, die voll
und ganz ausstrahlt, was sie empfängt.
Ja, teure treue Engel, ihr seid da,
an den Kreuzungen unserer Wege,
als Boten des Höchsten, von Anfang an
bis zum großen Ziel und darüber hinaus.

Die Kraft der Lieder

Die Nacht ist vorgedrungen

CORNELIA GORENFLO

Wie sehr habe ich früher gerade die Adventslieder geliebt! Von der Melodie her sind sie etwas melancholisch: noch nicht der Jubel der Weihnachtslieder, verhaltener, stiller. Auch dunkle Töne kommen darin vor. Aber das macht gerade ihren Reiz aus. Vielleicht weil ich intuitiv spüre, dass mein Leben hier auch mit seinen dunklen Tönen vorkommt. Ich hole meine alte Flöte hervor und spiele leise nur für mich das Trostlied von Jochen Klepper.

Die Nacht ist vorgedrungen, der Tag ist nicht mehr fern!
So sei nun Lob gesungen dem hellen Morgenstern!
Auch wer zur Nacht geweinet, der stimme froh mit ein.
Der Morgenstern bescheinet auch deine Angst und Pein.

Das spricht mich an. Das spricht von einem Trost, der nicht von dieser Welt ist – und den brauche ich jetzt. Ich wünsche mir heute diesen Stern von oben, der meine Angst und meinen Kummer erhellt. Bitte, bitte ... komm, du Morgenstern!

Lieder des Advents

PAUL WEISMANTEL

In den Liedern des Advents
hören wir die bangen Fragen
und der Menschen lautes Klagen.
In den Liedern des Advents
öffnet sich der Raum der Stille
spiegelt sich der Gnaden Fülle.
In den Liedern des Advents
drückt sich aus der Sehnsucht Schmerz,
lenkt den Blick uns himmelwärts.
In den Liedern des Advents
treffen wir in Raum und Zeit
Boten aus der Ewigkeit.
In den Liedern des Advents
steht der Himmel allen offen,
die von Herzen es erhoffen.
In den Liedern des Advents
werden Wege uns gezeigt,
wie sich Gott zum Menschen neigt.

Maria durch den Dornwald ging

HANS-JÜRGEN HUFEISEN

Wer war eigentlich Maria aus Nazareth, von der die biblischen Berichte sagen, sie sei die Mutter Gottes? Mit den Augen gesehen: eine einfache junge jüdische Frau, die unter ungeklärten Umständen schwanger wurde und Seltsames erlebte.
Mit der Seele empfunden: eine Frau, die dem himmlischen Geheimnis unsagbar nahe war. Die mit dem Göttlichen in einer Weise verbunden war, die alles Vorstellbare übersteigt. Der Dichter Novalis hat unvergleichlich schön beschrieben, wie viele Vorstellungen von Maria kursieren und wie schwer beschreibbar sie ist:

Ich sehe dich in tausend Bildern,
Maria, lieblich ausgedrückt,
doch keins von allen kann dich schildern,
wie meine Seele dich erblickt.

Dennoch versuchen durch die Jahrhunderte hindurch bis heute immer wieder Schriftsteller und Poeten, Maria auf eine Weise in Worte zu fassen, dass ihr Wesen erkennbar wird. So haben das auch die seit alters her frommen Menschen im Eichsfeld versucht. Sie erzählten eine Geschichte von Maria. Die hört sich fast wie ein Märchen an, das in einem verwunschenen Wald spielt.

Maria durch ein' Dornwald ging
Kyrieleison!
Maria durch ein' Dornwald ging,
der hatte in sieben Jahr'n kein Laub getragen!
Jesus und Maria.

Dieser Dornwald, durch den Maria geht, ist leblos und tot. Gestrüpp. Kein Leben, nirgends. Seit sieben Jahren schon. Da wird aller Voraussicht nach nichts mehr wachsen. Und bedrohlich sind die Sträucher trotzdem, es sind noch Dornen an ihnen. Und dann diese lebenshungrige junge Frau mitten im Todesfeld, ihr junger Körper bedroht durch scharfe Dornen. Zudem ist sie nicht allein, berichtet das Lied. Sie muss nicht nur für sich selbst sorgen. Maria ist schwanger.

Was trug Maria unterm Herzen?
Kyrieleison!
Ein kleines Kindlein ohne Schmerzen,
das trug Maria unter ihrem Herzen.
Jesus und Maria.

Als die Dramatik kaum zu übertreffen ist, kommt die Überraschung. Der tote Dornwald blüht auf. Offensichtlich ist die Ausstrahlung Marias so stark, dass das für tot Erklärte wieder erblüht. Das Dornendickicht verwandelt sich in ein Rosenparadies.

Da haben die Dornen Rosen getrag'n;
Kyrieleison!
Als das Kindlein durch den Wald getragen,
da haben die Dornen Rosen getragen!
Jesus und Maria.

Dieses Lied gehört heute zu den beliebtesten Adventsliedern. Zum einen wohl, weil es mit märchenhaften Bildern unmittelbar die Seele trifft. Zum anderen, weil es die Symbolik des Wanderns, des Reisens aufnimmt. Das kennt jeder: unterwegs sein, dunkle Täler und gefährliches Terrain durchqueren müssen. Die Mystiker vieler Religionen schildern das ganze Leben als eine Reise. Und sie verknüpfen den Weg mit der Vorstellung eines göttlichen Kindes, das jeder Mensch in sich trägt. So wie Maria Jesus unter ihrem Herzen trägt, wächst in jedem Menschen etwas Göttliches heran. Andere nennen es den »göttlichen Funken«. Ihn zu behüten und zu schützen, gehört zu den spirituellen Aufgaben jedes und jeder Einzelnen. Und so sehe ich mich manchmal schreiten wie Maria durch den Dornwald. Mal ängstlich, dass dem Göttlichen in mir etwas zustoßen könnte. Mal staunend, welche unerwarteten Wunder es mir beschert.

»Maria durch ein' Dornwald ging«: Spiele ich die Melodie mit der Flöte, dann singe ich innerlich die Worte mit und schreite dabei durch den Raum. Dabei beschreibe ich die Wanderung Marias mit stetig fließenden Tönen. Durch das Gleichmaß des

Schreitens entsteht mit der Zeit ein Gefühl der Sicherheit, so wie Maria es empfunden haben mag, die ja das neue Leben durch die Dornen trug. Aber auch das Gefühl des Behütetseins, so wie das Kind im Bauch der Maria es gespürt haben mag. Zusammen mit der zauberhaften alten Melodie versetzt mich die Musik in einen Zustand der Sorglosigkeit. Keine Angst: Es wird schon einen Engel geben, der auf mich achtet, damit ich nicht ins Stolpern gerate, wenn mir Steine im Weg liegen. Der Engel sagt mir aber auch: »Nimm dir Zeit, hetze nicht, sondern schreite! Sei achtsam! Achte auf das, was am Weg deiner Reise blüht!«
Das ist ein Grund, warum mir Maria wichtig geworden ist. Das Lied hat mir einen wundervollen Zugang zu ihr eröffnet, jenseits der theologischen Lehrsätze. »Meine« Maria ist erhaben über die Welt der Richtigkeiten. Sie spricht zu mir durch die Musik und die Poesie. Diese Erfahrung teile ich mit Novalis, der seine Seelen-Maria in der zweiten Strophe seines Gedichts so beschreibt:

Ich weiß nur, dass der Welt Getümmel
seitdem mir wie ein Traum verweht
und ein unnennbar süßer Himmel
mir ewig im Gemüte steht.

Die Melodie des Herzens

ERICH PURK

Der Hymnus ist das Lied der Engel. Sie singen den himmlischen Choral. Sie stimmen das »Gloria in excelsis deo« an. Sie huldigen dem Höchsten, der auf dem Thron Gottes sitzt und singen ohne Unterlass: »Heilig, heilig, heilig«.
Der Hymnus ist das Lied der der Engel. Aber auch der Mensch darf dieses Lied nicht verlieren. Die Psalmen fordern uns immer wieder zum Lobpreis auf: »Alles, was atmet, lobe den Herrn« (Ps 150). »Ich will dich preisen Tag für Tag und deinen Namen loben immer und ewig« (Ps 145). Der Psalm 76 fügt hinzu: »Denn auch der Mensch voll Trotz muss dich preisen.«
Der Lobpreis öffnet den Weg zu Gott. Das scheint eine uralte Erfahrung zu sein: Der Mensch, der den

Lobpreis verliert, geht gebeugt unter der Last seines Lebens. Wer aber sein Herz erhebt, beschreitet den Weg, der aus der Finsternis ins Licht führt.
Lobpreis erlöst die Gebeugten vom Grübeln und von der Angst vor der Zukunft. Er ist ein Kennzeichen der Hochherzigkeit. Er befreit unser Denken vom ständigen Kreisen um das eigene Ich. Die Herrlichkeit des Himmels erleuchtet das Dunkel unserer Tage.
Der Hymnus ist das Lied der der Engel. Aber auch im Leben der Menschen soll diese Melodie nicht verstummen. Helfen uns Engel wie gute Freunde, dass in dieser gottvergessenen Zeit der Lobpreis nicht verdrängt wird? Denn ein Freund ist einer, der die Melodie deines Herzens kennt und sie dir vorsingt, wenn du selbst sie vergessen hast.
Jeder hat ein Lied, um die Leere seines Herzens zu füllen. In der Schatzkammer unserer Seelen liegt es verborgen. Wir müssen es inwendig zum Klingen bringen, eine Saite vom Herzen zum Verstand spannen. Dann singen wir leise die Welt zum Himmel empor.

Weihnachtslied

THEODOR STORM

Vom Himmel in die tiefsten Klüfte
Ein milder Stern hernieder lacht;
Vom Tannenwalde steigen Düfte
Und hauchen durch die Winterlüfte,
Und kerzenhelle wird die Nacht.
Mir ist das Herz so froh erschrocken,
Das ist die liebe Weihnachtszeit!
Ich höre fernher Kirchenglocken
Mich lieblich, heimatlich verlocken
In märchenstille Herrlichkeit.
Ein frommer Zauber hält mich wieder,
Anbetend, staunend muß ich stehn;
Es sinkt auf meine Augenlider
Ein goldner Kindertraum hernieder,
Ich fühl's, ein Wunder ist geschehn.

Es ist ein Ros entsprungen

HANS-JÜRGEN HUFEISEN

Wie schön leuchtet der Morgenstern
voll Gnad und Wahrheit von dem Herrn,
die süße Wurzel Jesse.

Oft werden Himmelserscheinungen belächelt und jene, die sie zu deuten versuchen, verspottet. Die drei Weisen aus dem Morgenland, die in der Weihnachtsgeschichte erscheinen, wecken hingegen allseits Respekt. Obwohl: So richtig glauben tun die wenigsten der Geschichte. Dass Gott einen hellen Stern schickt, um drei gelehrte Männer an die Krippe in Bethlehem zu locken – das ist ja auch ziemlich unglaublich. Astronomen haben herausgefunden, dass es um die Zeitenwende tatsächlich mehrere außergewöhnlich helle Sternenkonstellationen am Firmament gab. Ich weiß gar nicht, ob das wichtig ist. Offensichtlich ist die Erzählung über die drei Weisen aus dem Morgenland eine Legende. Ihr geht es nicht um eine historische, sondern um eine tiefer liegende Wahrheit. Sie dient einer beeindruckenden Vision: Dieses neugeborene ganz himmlische, ganz irdische Kind zieht die Menschen an, unabhängig von ihrer Kultur und Religion, unabhängig auch von ihrem Besitz und anderen Äußerlichkeiten. An der Krippe in Bethlehem begegnen sich Arme und Reiche, Ungebildete und Hochgelehrte, Botschafter verschiedener Religionen und Traditionen. Dass sie dorthin gekommen sind, ist kein Zufall. Einige wurden von Engeln an den mystischen Ort geschickt. Andere folgten einem hellen Stern. Viele Künstler vergleichen Jesus selbst mit einem strahlenden Stern. Besonders der Morgenstern, ein sehr hell leuchtender Himmelskörper – meist die Venus –, der noch vor der Sonne den Tagesanbruch ankündigt, ist unter Dichtern zu einem Symbol für Christus geworden.

Dieses Motiv hat auch den Komponisten Philipp Nicolai vor mehr als vierhundert Jahren zu einem Lied inspiriert, das zu meinen Lieblingsmelodien gehört. Der lutherische Pastor hatte alles Dunkle seiner Zeit erlebt: Streit und Krieg, Pest und Elend. Den Abgründen wollte er wohl eine umso herrlichere Musik entgegensetzen. Und im Text sollte der helle Morgenstern das Dunkle entmachten, mindestens vergessen machen. Wirklich wichtig, sagt Nicolai durch sein Lied, ist Jesus, die »werte Kron«, »wahr Gottes und Marien Sohn«. Nicolais Lied ist fromm, ja – aber es wirkt auch wie ein inniges Liebeslied. »Bräutigam« nennt er ihn und findet Worte, mit denen man eine Geliebte beschreiben würde: »Nach dir wallt mir mein Gemüte«, schreibt er, und dass Jesu Liebe ihn »entzündet« habe. Und schließlich verbindet auch Nicolai wieder die Musik mit dem Glauben.

Zwingt die Saiten in Cythara
und lasst die süße Musika
ganz freudenreich erschallen,
dass ich möge mit Jesulein,
dem wunderschönen Bräut'gam mein,
in steter Liebe wallen.

Singet,
springet,
jubilieret,
triumphieret,
dankt dem Herren;
groß ist der König der Ehren.

Als »Hohelied der Jesusminne« bezeichnen einige Musikwissenschaftler das Lied oder als »Königin der Choräle«. Ich kann das nachvollziehen. Das Lied vereint Mystik und Glaube und zeigt den geheimnisvollen Zusammenhang von Innen und Außen. Nicolai, dankbar, dass er weder der Pest noch dem Krieg zum Opfer gefallen ist, schäumt geradezu über vor Ehrerbietung und Liebe.

Auch die drei Weisen aus dem Morgenland sind mystische Gestalten. Dennoch stellte ich sie mir ganz irdisch vor: Caspar: Ich sehe ihn als Aristokrat aus Persien, als Gelehrten und Forscher, Astronom und Astrologe. Mitglied einer Priesterkaste, der Magier. Caspar kam von der weiten Hochebene des Irans, wo die Luft am Tag so klar ist, dass man die fernsten Bergketten sieht. Und wo nachts der Himmel so groß und nah ist, dass ferne Sterne mit bloßem Auge zu sehen sind. Aus alten persischen Überlieferungen war ihm bekannt, dass der göttliche Lichtbringer für die Welt durch ein Sternfeuer gezeugt wird. Dann wird eine Jungfrau schwanger und bringt den Retter zur Welt. Und in der Nacht, in der das Kind geboren wird, erscheint ein Zeichen: Ein Stern fällt vom Himmel herab. Und nun folgte Caspar dem Stern schon seit Monden, um seinen Lichtbringer, den Morgenstern für die Welt zu finden.

Melchior: Für mich ein arabischer Karawanenführer aus Petra, der sagenumwobenen Felsenstadt im heutigen Jordanien. Er war der Fürst seines Stammes, des Volkes der Nabatäer. An jedem Tag, mit der aufgehenden Sonne des neuen Morgens, entzündete Melchior kostbaren Weihrauch, setzte sich davor und schwieg. Seine Gedanken stiegen dem Himmel entgegen, und der Geist Gottes schickte ihm Weisheit und Visionen. Als er mit seiner Karawane aufbrach und eine neue Sternenkonstellation erblickte, hielt er an. Ihm war sofort klar, dass er die Reiseroute ändern musste. Melchior folgte dem leuchtenden Stern, um zu sehen, wohin er ihn führen würde.

Balthasar: Ich sehe einen Mann mit grauen Haaren, langem Bart und der Würde eines Stammesältesten, vielleicht eines Scheichs aus Syrien. Er verfügte über eine besondere Gabe. Er war als Heiler bekannt. Mit geheimnisvollen Gesängen, mit Kraftzeichen auf der Erde und am Himmel kannte er sich aus. Schon seine Vorfahren wussten von den Geheimnissen der Heilkraft von Kräutern, Steinen und Gesängen. Als Balthasar den neuen Stern sah, machte er sich auf den Weg nach Westen und kam in die blühende Handelsstadt Palmyra.
Dort, in der Palmenoase mitten in der Wüste, trafen sich die Karawanen aller Himmelsrichtungen. Hier begegneten sich die drei Weisen und zogen gemeinsam weiter, folgten ihrem Stern. Monde, vielleicht Jahre würden sie wohl brauchen, um den König des Heils zu finden. Doch die Strapaze wollten sie auf sich nehmen.
Wer weiß, vielleicht hat Philipp Nicolai in seinem Lied ja die Gefühle nachempfunden, die die drei Weisen hatten, als sie nach langer Reise an der Krippe in Bethlehem standen:

*Von Gott kommt mir ein Freudenschein
wenn du mich mit den Augen dein
gar freundlich tust anblicken.
Herr Jesu, du mein trautes Gut,
dein Wort, dein Geist, dein Leib und Blut
mich innerlich erquicken.
Nimm mich
freundlich
in dein Arme
und erbarme
dich in Gnaden;
auf dein Wort komm ich geladen.*

Lied der Weihnacht

CHRISTIAN FÜRCHTEGOTT GELLERT

1. Dies ist der Tag, den Gott gemacht,
sein wird in aller Welt gedacht:
Ihn preise, was durch Jesum Christ
im Himmel und auf Erden ist!

2. Die Völker haben dein geharrt,
bis dass die Zeit erfüllet ward;
da sandte Gott von seinem Thron
das Heil der Welt, Dich, seinen Sohn.

3. Wenn ich dies Wunder fassen will,
so steht mein Geist vor Ehrfurcht still,
er betet an, und er ermisst,
dass Gottes Lieb unendlich ist.

4. Damit der Sünder Gnad erhält,
erniedrigst Du Dich, Herr der Welt,
nimmst selbst an unsrer Menschheit teil,
erscheinst im Fleisch und wirst uns Heil.

5. Herr, der Du Mensch geboren wirst,
Immanuel und Friedefürst,
auf den die Väter hoffend sahn,
Dich, Gott Messias, bet ich an.

6. Du, unser Heil und höchstes Gut,
vereinest Dich mit Fleisch und Blut,
wirst unser Freund und Bruder hier,
und Gottes Kinder werden wir.

7. Jauchzt, Himmel, die ihr ihn erfuhrt,
den Tag der heiligsten Geburt;
und Erde, die ihn heute siehst,
sing Ihm, dem Herrn, ein neues Lied!

8. Dies ist der Tag, den Gott gemacht,
sein wird in aller Welt gedacht;
ihn preise, was durch Jesum Christ
im Himmel und auf Erden ist.

Das Licht der Weihnacht

O Tannenbaum

FRANZ KAMPHAUS

Was haben Tannenbäume mit dem Christfest zu tun? In der Geburtsgeschichte Jesu finden wir keinerlei Hinweise auf einen geschmückten Lichterbaum. Wie kommt es, dass ein solcher Baum für uns zum Inbegriff der Weihnacht geworden ist? Hören Sie dazu eine Geschichte, die mir ein Freund berichtete. Die Kinder sollten zu Weihnachten ein Spiel in der Art der mittelalterlichen Paradiesspiele aufführen. Sie brauchten den Baum des Lebens und der Erkenntnis von Gut und Böse und nahmen eine Tanne. Und so begann das Spiel:

Erster Akt: der Sündenfall. Die Kinder hängten verführerisch rote Äpfel an die Zweige. Die Geschichte mit Adam und Eva nahm ihren Lauf...

Zweiter Akt: Erlösung durch Jesus Christus; das

Licht des Lebens scheint auf. Die Kinder steckten dabei Kerzen auf und ließen den Baum im hellen Lichterglanz erstrahlen.
Dritter Akt: Das Heil kommt auch zu uns. Christus ist das Brot des Lebens. Die Kinder nahmen nichtkonsekrierte Hostien und banden sie an die Zweige: Brot für alle vom Baum des Lebens. So wurde der Weihnachtsbaum erfunden.
Ob es wirklich so war, sei dahingestellt. Auf jeden Fall wird deutlich, dass der Weihnachtsbaum von seinem Ursprung her nicht das war, wozu er heute in den Schaufenstern der Warenhäuser verkommen ist: ein werbekräftiges Dekorationsstück.
Drei Bilder begegnen sich in diesem Baum.
Adam und Eva unter dem Baum des Lebens und der Erkenntnis des Guten und Bösen und die Verführung durch die Schlange. Von Anfang an, so erzählt die Bibel, wollte der Mensch sein Schicksal selbst in die Hand nehmen. Er wollte leben, als ob es Gott nicht gäbe, als verdanke er sein Dasein sich selbst, als wäre er niemandem Rechenschaft schuldig. Von den Folgen dieser Selbstüberschätzung, vom verlorenen Paradies, von Not und Plage und von Angst vor dem Sterben spricht dieses

erste Bild. Es handelt von einer Schuldgeschichte, in die wir seit unserer Geburt verstrickt sind, an der wir täglich selbst mitwirken und aus der wir uns mit eigener Kraft nicht befreien können.
Die Lichter im Baum überstrahlen jedoch dieses dunkle Bild. Sie sprechen von der Erlösung durch Christus, vom Licht, das in der Finsternis leuchtet. Im Holz des Baumes steckt das Feuer. Die aufgesteckten Lichter zeigen es an. Er weist hin auf das wahre Licht, auf Jesus Christus. Im Licht seines Lebens bekommt die Welt einen neuen Glanz. Er zerbricht den Teufelskreis einer Menschheit, die nur um sich selbst kreist und um ihre Interessen. Er geht zu den Armen, er predigt den Hoffnungslosen, und er richtet die Gefallenen wieder auf. Als er an den Kreuzesbaum gefesselt stirbt, sieht es so aus, als sei er am Ende doch von der menschlichen Schuld überwältigt worden. Aber Gott hat den, der ihm die Treue hielt, nicht verlassen. Er hat ihn aus dem Grab des Todes hinausgeführt in das Licht des Ostermorgens.
So wirft der Weihnachtsbaum sein Licht voraus auf den Baum des Kreuzes und auf das Licht des Ostermorgens. Das Licht, die Erlösung kommt

zu uns. Heute will Christus unter uns wohnen. Darauf weisen die Abendmahloblaten am Baum hin. Christi Nähe sättigt und stärkt. Das geteilte Brot ist Zeichen dieser Nähe. Die vielen Oblaten am Baum weisen hin auf die vielfältigen Möglichkeiten des Teilens: geteiltes Brot, geteiltes Geld, geteilte Zeit.

Gott ist der sich Mitteilende schlechthin. In der menschlichen Geburt Jesu hat er sich uns ganz mitgeteilt. ›Seht her, so bin ich‹, sagt uns diese Geburt, ›einer von euch, nicht einer, der euch dreinreden will, sondern der an euren Sorgen und Nöten teilnehmen will. Einer, der eure besten Kräfte in euch wecken will, damit ihr nicht wie der alte Adam und die alte Eva meint, euch euer Paradies selbst machen zu müssen, sondern zur Einsicht kommt, dass sich dem, der sich beschenken lässt und der selbst sein Leben teilt und verschenkt, die Türen zum Paradies wieder öffnen.‹

Der Weihnachtsengel

WALTER BENJAMIN

Mit den Tannenbäumen begann es. Eines Morgens, noch ehe Ferien waren, hafteten an den Straßenecken die grünen Siegel, die die Stadt wie ein großes Weihnachtspaket an hundert Ecken und Kanten zu sichern schienen. Dann barst sie eines schönen Tages dennoch und Spielzeug, Nüsse, Stroh und Baumschmuck quollen aus ihrem Innern: der Weihnachtsmarkt.

Mit ihnen quoll noch etwas anderes hervor: die Armut. Wie nämlich Äpfel und Nüsse mit ein wenig Schaumgold neben dem Marzipan sich auf dem Weihnachtsteller zeigen durften, so auch die armen Leute mit Lametta und bunten Kerzen in den bessern Vierteln. Die Reichen schickten ihre

Kinder vor, um jenen der Armen wollene Schäfchen abzukaufen oder Almosen auszuteilen, die sie selbst vor Scham nicht über ihre Hände brachten. Inzwischen stand bereits auf der Veranda der Baum, den meine Mutter insgeheim gekauft und über die Hintertreppe in die Wohnung hatte bringen lassen. Und wunderbarer als alles, was das Kerzenlicht ihm gab, war, wie das nahe Fest in seine Zweige mit jedem Tage dichter sich verspann. In den Höfen begannen die Leierkästen die letzte Frist mit Chorälen zu dehnen.
Endlich war sie dennoch verstrichen und einer jener Tage wieder da, an deren frühesten ich mich hier erinnere. In meinem Zimmer wartete ich, bis es sechs werden wollte. Kein Fest des späteren Lebens kennt diese Stunde, die wie ein Pfeil im Herzen des Tages zittert. Es war schon dunkel, trotzdem entzündete ich nicht die Lampe, um den Blick nicht von den Fenstern überm Hof zu wenden, hinter denen nun die ersten Kerzen zu sehen waren. Es war von allen Augenblicken, die das Dasein des Weihnachtsbaumes hat, der bänglichste, in dem er Nadeln und Geäst dem Dunkel opfert, um nichts zu sein als ein unnahbares, doch nahes

Sternbild im trüben Fenster einer Hinterwohnung. Und wie ein solches Sternbild hin und wieder eins der verlassnen Fenster begnadete, indessen viele weiter dunkel blieben und andere, noch trauriger, im Gaslicht der frühen Abende verkümmerten, schien mir, dass diese weihnachtlichen Fenster die Einsamkeit, das Alter und das Darben – all das, wovon die armen Leute schwiegen – in sich faßten. Dann fiel mir wieder die Bescherung ein, die meine Eltern eben rüsteten.
Kaum aber hatte ich so schweren Herzens wie nur die Nähe eines sichern Glücks es macht, mich von dem Fenster abgewandt, so spürte ich eine fremde Gegenwart im Raum. Es war nichts als ein Wind, so daß die Worte, die sich auf meinen Lippen bildeten, wie Falten waren, die ein träges Segel plötzlich vor einer frischen Brise wirft:
›Alle Jahre wieder
Kommt das Christuskind
Auf die Erde nieder
Wo wir Menschen sind‹
– mit diesen Worten hatte sich der Engel, der in ihnen begonnen hatte, sich zu bilden, auch verflüchtigt. Nicht mehr lange blieb ich im leeren

Zimmer. Man rief mich in das gegenüberliegende, in dem der Baum nun in die Glorie eingegangen war, welche ihn mir entfremdete, bis er, des Untersatzes beraubt, im Schnee verschüttet oder im Regen glänzend, das Fest da endete, wo es ein Leierkasten begonnen hatte.

Herberge Gottes

ANDREA SCHWARZ

Die Zusage gilt: Gott kommt.

Zu mir.

Er hat sich sozusagen selbst eingeladen. Und ich bin mir noch nicht einmal sicher, ob ich wirklich darum gebeten habe.

Gott kommt. Zu mir. Nein, ich muss nicht erst groß aufräumen und das Bad putzen. Und auch die Papierstapel in meinem Arbeitszimmer dürfen so bleiben, wie sie sind. Ich glaube, das interessiert Gott gar nicht so arg. Er meint mich, mich ganz persönlich. Nicht irgendeine Fassade, nicht irgendein Bild, nicht irgendeine Rolle.

Gott kommt. Zu mir. So wie ich bin. Er kommt in meinen Stall. Er macht sich klein, um in meine Welt hineinzupassen. Er gibt sich in Brot und Wein, um wirklich in mir zu sein. Für ihn bin ich so wertvoll und wichtig, dass er all seine Größe aufgibt, um mit mir zu sein.

Und in dem Moment, wo er in meinen Stall einzieht, macht er mich zum Tempel. Seine Größe in mir würdigt mich. Sein Glanz strahlt in mir und aus mir heraus. Weil Gott in mir wohnt, werde ich kostbar und wertvoll. Ich bin ein Tempel Gottes. Ich bin wichtig und wertvoll. Gott zieht in einem Stall ein – und macht ihn zu einem Tempel.

Gott macht mich zu seinem Tempel.

Und was mache ich daraus?

Sich der Nacht stellen

FRANZ KAMPHAUS

Was bewegt Christen, die Gottesgeburt in der Nacht zu feiern? Gott kommt – so bekennen wir – in der schwärzesten Nacht zur Welt. Er schaut nicht kurz bei Tageslicht herein, er sucht uns in der dunkelsten Nacht auf. Wäre er einer von uns, wenn er diesen Tiefpunkt gescheut hätte? »Das Licht leuchtet in der Finsternis.«
Wer ihn hier sucht, wer sich hier finden lässt, für den werden die Nächte kürzer. Die Mitte der Nacht ist der Anfang des Tages. Weihnachten feiern heißt: sich der Nacht stellen.
Wir Christen reden sie nicht herbei, aber wir weichen ihr auch nicht aus. Würden wir sie abspalten und verdrängen, dann wäre nicht mehr

Weihnachten. Wie die Nacht im Wort steckt, so steckt sie in uns, in ihrer ganzen Abgründigkeit.
Fragen wir uns also: Wo erfahre ich Nacht? Schlaflose Nächte, die nicht zu Ende gehen wollen, nicht nur im Alter. Wo tappe ich im Dunkeln? Wo sieht's bei mir finster aus? Oder grau in grau, man lebt halt so vor sich hin, ohne Lichtblicke. Die Schattenseiten des Lebens: Konflikte können Ehe und Familie überschatten und das Leben lähmen; Eltern müssen auf einmal feststellen: Unsere Kinder sind uns fremd geworden, wir verstehen uns nicht mehr. Was machen wir mit den Nachtseiten unseres Lebens? Stecken wir sie einfach nur weg? Wohin? Oder nehmen wir sie wahr? Der Glaube wird oberflächlich, wenn wir sie ausblenden, gar aus Angst, wir könnten sie Gott nicht zumuten. Gerade in sie hinein ist er geboren, er ist in den Abgründen und Tiefenschichten, in den Nächten unseres Daseins anwesend. Darin zeigt sich die Stärke unseres Glaubens, dass er sich der Finsternis aussetzt: »Das Licht leuchtet in der Finsternis.«
Jesus öffnet uns die Augen für »die im Dunkeln«. Die können und dürfen wir nicht übersehen: die durch Terror, Vertreibung und Flucht im Dunkeln

tappen. Ganze Völker, die auf der Schattenseite der Entwicklung stehen und von ihren Schulden erdrückt werden. Darf man nicht davon reden? Wie sollen wir denn von Weihnachten reden, wenn wir die Dunkelheiten verschweigen? Der Glaube mutet uns Nachtwanderungen zu. Wir hoffen ja nicht auf uns selbst; darum brauchen wir unser Leben und unsere Geschichte nicht zu halbieren und immer nur die Lichtseiten vorzuzeigen, wie es jene Ideologen tun, die keine andere Hoffnung haben als die auf sich selbst. Das Licht, dem wir vertrauen, »leuchtet in der Finsternis«.
Mitten in der Nacht – das Ewige Licht! Wir wissen doch, wie das ist: »Da geht mir ein Licht auf!« Das ist ein großartiges Erlebnis. Das kann man nicht machen, nicht erzwingen. Man kann es empfangen, als Geschenk, als Gnade. Wenn das geschieht, dann strahlen wir.
Sie haben vielleicht Krippenbilder alter Meister vor Augen. Der Stall in der Nacht wird nicht von außen durch Scheinwerfer angestrahlt, sondern von innen her erleuchtet, vom Kind in der Krippe. Mit ihm ist uns ein Licht aufgegangen. Mit Jesus ist uns das Licht aufgegangen. Ob wir die Fenster

unserer Seele und unserer Welt offenhalten, dass er uns einleuchtet? Das wird man spüren. Er wird durchscheinen, durch unsere Worte, durch unsere Gebärden und unser Verhalten, durch unser Gesicht und unser ganzes Leben. Das leuchtet auch anderen ein. Wie ein Lichtblick!

Heilige Nacht – was verbinden wir damit? Ein frommes Spiel der Liturgie? Nachtromantik mit Schummerlicht? Stimmungsvoll, etwas fürs Gemüt? Brauchen wir den dunklen Hintergrund nur für unsere schönen Kerzen? Was heißt hier Nacht? Ist sie Erfahrung oder Kulisse? Sind wir wie jene Schildbürger, die ein Rathaus bauten und die Fenster vergaßen? Was ist Weihnachten für uns? Der Versuch, hektisch Licht einzusacken und nach innen zu schütten, um in dem fensterlosen Bau überlebenzu können?

Wir brauchen Fenster im Rathaus, Fenster im Haus des eigenen Lebens, in der Seele. Wir müssen die Fensterläden öffnen, damit das Licht in unserer Finsternis leuchten kann.

Die Geburt Jesu

PAPST FRANZISKUS

Als sie dort waren, kam für Maria die Zeit ihrer Niederkunft und sie gebar ihren Sohn, den Erstgeborenen. Sie wickelte ihn in Windeln und legte ihn in eine Krippe, weil in der Herberge kein Platz für sie war. (Lk 2,6–7)
Sicher nicht die beste Zeit! Wenn wir unseren Blick auf den geschichtlichen Moment richten, können wir gleich enttäuscht sein. Rom herrschte mit seiner militärischen Macht über einen großen Teil der damals bekannten Welt. Kaiser Augustus war an die Macht gekommen, nachdem er fünf Bürgerkriege geführt hatte. Auch Israel war vom Römischen Reich erobert worden und das erwählte Volk war seiner Freiheit beraubt. Für die Zeitgenossen Jesu war das also sicher nicht die beste Zeit. Demnach

ist es nicht der geopolitische Bereich, auf den man schauen muss, um den Höhepunkt der Zeit zu bestimmen.
So bedarf es einer anderen Interpretation, welche die Fülle von Gott her versteht ... Die Fülle der Zeit ist also die persönliche Gegenwart Gottes in unserer Geschichte. Jetzt können wir seine Herrlichkeit sehen, die in der Armut eines Stalles erstrahlt, und von seinem Wort, das in Gestalt eines Kindes »klein« geworden ist, Ermutigung und Halt erfahren. (Predigt in St. Peter, 1.1.16)
Nicht in Rom, sondern in einem Randgebiet: Jesus wurde in diese Familie hineingeboren. Er hätte auf spektakuläre Weise kommen können oder als Krieger, als Kaiser ... Nein, nein: Er kommt als Sohn einer Familie, in eine Familie. Das ist wichtig: in der Krippe diese wunderschöne Szene zu betrachten. Gott wollte in einer menschlichen Familie geboren werden, die er selbst gebildet hat. Er hat sie in einem entlegenen Dorf am Rande des Römischen Reiches gebildet. Nicht in Rom, der Hauptstadt des Reiches, nicht in einer großen Stadt, sondern in einem fast unsichtbaren, ja sogar ziemlich verrufenen Randgebiet.

Daran erinnern auch die Evangelien, es ist fast wie eine Redensart: »Aus Nazaret? Kann von dort etwas Gutes kommen?« (Joh 1,46). Vielleicht reden wir selbst in vielen Teilen der Welt noch so, wenn wir den Namen irgendeines Randgebietes einer großen Stadt hören. Und dennoch: Gerade dort, am Rande des großen Reiches, hat die heiligste und beste Geschichte begonnen, die Geschichte Jesu unter den Menschen! Und dort befand sich diese Familie. (Generalaudienz, 17.12.14)

Licht in der Finsternis

KARL LEHMANN

Weihnachten ist ein Fest des Jubels und der Freude. Wir werden durch die drei Gottesdienste, die die Kirche seit langer Zeit, genauer seit dem 5. Jahrhundert, vom Heiligen Abend bis zum Morgen des ersten Weihnachtstages feiert, auf einen Weg mitgenommen, der uns die Augen öffnet für die Hintergründigkeit der Weihnachtsgeschichte. Da ist am Heiligen Abend bzw. in der Heiligen Nacht die Erzählung von der Geburt Jesu, von den Hirten auf dem freien Feld und dem Engel des Herrn. Am Morgen steht die nähere Bedeutung dessen, was geschehen ist, im Vordergrund. Die Hirten und Maria beginnen zu verstehen, was sich ereignet hat. Am Tag aber kommt im dritten Gottesdienst die ganze Helle und Weite des erschienenen Lichtes zur Sprache. Wir verstehen endlich viel tiefer, was geschehen ist. Entsprechend sind auch die jeweiligen Texte ausgewählt. Man muss also immer wieder diesen ganzen Weg abschreiten und ihn im Herzen mitgehen, umWeihnachten wirklich zu verstehen. Vergessen wir nicht, was einer unserer großen Dichter sagte: »Wird Christus tausendmal zu Betlehem geboren und nicht in dir, du bleibst noch ewiglich verloren« (Angelus Silesius).

Das Evangelium des Gottesdienstes am Morgen ist der sogenannte Prolog des Johannesevangeliums, also ein Vorspruch mit einer Deutung des Ganzen und einem Hinblick auf das ganze Evangelium. Gott spricht sein ewiges Wesen aus in dem Wort (»Logos «), wie uns besonders in der Schöpfungserzählung offenbar wird (vgl. Gen 1,3 u. ö.). Das Licht in der Welt ist von Gottes Licht. Die Welt ist geschaffen worden durch dieses Wort. Und das Wort ist Fleisch geworden. Gott ist uns ganz nahegekommen. Und er wird nie mehr aufhören, uns zu sagen und mitzuteilen, dass er da ist und die Menschen liebt.

Wir dürfen dies aber nicht einfach in eine falsche Weihnachtsstimmung hinein verharmlosen.

Weihnachten wäre missverstanden, wenn man es nur von einer kuscheligen Atmosphäre her auffasste. Weil wir dies aber oft tun, lassen wir in den weihnachtlichen Texten und in der Botschaft dieses Tages oft das, was zu diesen Stimmungen quer und in Spannung steht, eher beiseite. Wir wollen dabei selbstverständlich gerade den Frieden und die Freude von Weihnachten in ihrer ganzen Tiefe aufzeigen, nicht die gute Stimmung verderben.
Zu diesen etwas verkannten Worten gehören einige wichtige Verse im erwähnten Johannesprolog. Da geht es freilich nicht mehr nur um das traute Kommen des armen Jesuskindes in unsere Welt, was ohne Zweifel in einer Welt voller Armut und Bedrängnis unaufgebbar wichtig bleibt. Es ist hier und jetzt von der ganzen Welt die Rede. Es ist der von Gott geschaffene Raum unseres Lebens, wobei Johannes meist an die Menschenwelt denkt (vgl. 1 Joh 2,15ff.). Gott hat die Welt geschaffen und geliebt. Jesus, der aus dem Herzen des Vaters kommt (vgl. Joh 1,18) und darum sein einziger Sohn ist, ist der Herr der Welt. Deswegen sagt der Text, dass das »Wort« (Logos) Gott war. »Im Anfang war es bei Gott. Alles ist durch das Wort geworden, und ohne

das Wort wurde nichts, was geworden ist. In ihm war das Leben, und das Leben war das Licht der Menschen « (1,2–4). So nahe sind die Schlüsselworte unseres menschlichen Daseins zusammen: Wort, Licht und Leben, Gott und das Wort, der Vater und der Sohn. Dies ist mit ein Grund zur Freude von Weihnachten, dass der Herr der Welt, der Herr des Lichtes und des Lebens, das Wort zu uns kommt und immer leuchtet. Von nun an wird dieses Licht auch in den schwierigsten Stunden des Menschen nicht einfach untergehen und erlöschen.
Gerade an dieser Stelle kommt aber – und dies wird meist übergangen – ein schriller Ton in dieses wohlgeformte Gedicht, wahrscheinlich ist es sogar ein Lied. Es heißt: »Und das Licht leuchtet in der Finsternis, und die Finsternis hat es nicht erfasst... Er war in der Welt, und die Welt ist durch ihn geworden, aber die Welt erkannte ihn nicht. Er kam in sein Eigentum, aber die Seinen nahmen ihn nicht auf« (1,5.9–11). Da tut sich etwas Unbegreifliches auf, geradezu ein dramatisches Geschehen. Es ist ganz und gar unverständlich, dass die Menschen die Finsternis mehr lieben als das Licht (vgl. Joh 3,19). Die Bibel gibt eine Erklärung für

diesen seltsamen Sachverhalt: »Denn ihre Taten waren böse« (Joh 3,19) oder auch: »Denn seine (des Menschen) Werke waren böse« (1 Joh 3,12; vgl. Gal 5, Röm 7). Wir kennen dies aus unserem eigenen Leben: Wer etwas Schlechtes tut oder getan hat, scheut das Licht, das es an den Tag bringen könnte. Lieber verstricken wir uns in Lügen und betrügen uns selbst, als uns der Wahrheit zu stellen. Nur wer diese Scheu überwindet, wird frei, um im Licht des Lebens froh zu sein. Johannes begreift dabei diese Abkehr vom Licht nicht als ein einmaliges, fernes, zurückliegendes Ereignis, vielmehr wiederholt sich die Weigerung, in den Wirkungskreis des Lichtes einzutreten, ständig, und dies bis zum heutigen Tag (vgl. dazu ausführlicher Joh 3,19–21).
So verstehen wir auch, warum der Evangelist Johannes das Wort »Welt«, das ja ursprünglich gleichbedeutend ist mit der geschaffenen Welt Gottes, an vielen Stellen ziemlich negativ gebraucht. So heißt es zum Beispiel: »In der Welt habt ihr Drangsal«. Jesus sagt zu Pilatus: »Mein Reich ist nicht von dieser Welt« (18,36). Kurz und bündig heißt es im ersten Johannesbrief: »Die ganze Welt ist in der Gewalt des Bösen« (5,19). »Welt« im Sinne

des Johannesevangeliums und der johanneischen Schriften hat also etwas Zwiespältiges, Zwielichtiges an sich, gleichsam ein doppeltes Gesicht. Sie ist als Gottes geliebte Schöpfung gut, aber zugleich ist sie schlecht als Herrschaftsbereich des Bösen. Dabei geht es nicht um Weltflucht. Wir sind in der Welt, dürfen aber nicht von der Welt sein. Johannes beschreibt sehr genau, was er mit diesem Doppelgesicht meint (vgl. 1 Joh 2,15–17). Es sind Worte, die uns vielleicht zunächst fremd erscheinen. Aber wir verstehen sie doch gerade heute wieder schnell. So ist mit dem »Begehren des Fleisches« (Gal 5,16) die menschliche Neigung gemeint, ungehemmt alles für sich in Besitz zu nehmen, jede Art von Gier: Gier nach Sex, Habgier und Machtgier, ebenso wie Eigensucht und alle Arten von Genusssucht. Dabei kommen diese Begierden und Wünsche nicht immer nur aus dem Inneren des Menschen, sondern diese werden auch von außen geweckt, wie man leicht an den Einflüsterungen in den Medien und in der Werbung sieht.

All dies benennt Johannes auch mit dem Wort Finsternis. Sie steht in natürlichem Gegensatz zum Licht (vgl. Gen 1,2f.). Die Menschheitsgeschichte kennt das Widerspiel von Finsternis und Licht. Alle Religionen und Lebensanschauungen wissen darum. Licht hat für den Menschen etwas Beruhigendes, Beglückendes, ja Faszinierendes. Finsternis dagegen hat eine Nähe zum Unheimlichen, zu Orientierungslosigkeit, ist etwas Beängstigendes und gerät darum auch in die Nähe der Unwissenheit. Wir werden hinters Licht geführt und fürchten finstere Machenschaften. Licht und Leben gehören für die Bibel zusammen. Die Finsternis wird dabei auch leicht mit dem Tod gleichgesetzt. Die Bedeutung des Lichtes wird uns zum Beispiel in einem bekannten Wort von Psalm 36 aufgezeigt: »Denn bei dir ist die Quelle des Lebens, und in deinem Licht schauen wir das Licht« (36,10). »Dem Rechtschaffenen strahlt Licht auf in der Finsternis« (Ps 112,4). So wird die Welt oft verstanden als eine große Auseinandersetzung zwischen Licht und Finsternis. Es gibt diesen dramatischen Kampf auch im Leben des Menschen. Warum betonen wir dies an Weihnachten? Weil wir auf der einen Seite nicht die Augen schließen wollen vor dem, was tatsächlich in unserer Welt geschieht. So haben wir in der sogenannten Finanz- und Wirtschaftskrise ein Wort wieder verstehen und buchstabieren gelernt, das ganz fremd geworden war, das Wort von der Gier. Der Christ ist kein Träumer und hängt nicht einfach blutlosen, fernen Idealen nach. Er schaut der Finsternis und dem Bösen in unserer Gegenwart offen ins Gesicht. Darum kommt die Botschaft von Weihnachten erst jetzt und so ganz zur Sprache. Dies geschieht grundlegend bereits zu Beginn des Prologs, wenn es dort heißt: »Und das Licht leuchtet in der Finsternis.« Auch wenn es in unserem Leben dunkel wird, ja es eine regelrechte Verfinsterung aller Hoffnung gibt, in der Gesellschaft und im Leben des Einzelnen, so bleibt die Botschaft von Weihnachten, dass das Licht auch und gerade in der Finsternis aufleuchtet. Nicht zufällig sprechen wir von einem Funken Hoffnung. An dieser Stelle werden wir an viele wichtige Aussagen der Heiligen Schrift erinnert: »Ich bin das Licht der Welt. Wer mir nachfolgt, wird nicht in der Finsternis umhergehen, sondern das Licht des Lebens haben« (Joh 8,12). »Solange ihr das Licht habt, glaubt an das Licht, damit ihr Söhne (und Töchter) des Lichtes werdet« (Joh 12,36). Jesus Christus ist das Licht der Welt (vgl. Joh 8,12; 9,5). Die ganze Welt wird in diesen Einflussbereich einbezogen. Dann

wird man ein Sohn bzw. eine Tochter des Lichtes. Wir sollten schließlich alle durch unser Zeugnis und unseren Einsatz für die Botschaft des Evangeliums »das Licht der Welt« sein (vgl. Mt 5,14). Weil die Finsternis so mächtig ist, sind wir nicht verloren. Wenn wir Zeugnis von seinem Licht geben, können wir »Kinder Gottes « werden (vgl. Joh 1,12–18). Die Welt soll durch die Sendung Jesu in die Welt gerettet werden (vgl. ausführlicher Joh 3,14 ff.).
Dennoch durchzieht ein schmerzlicher Ton das ganze Johannesevangelium. Es bleibt für Johannes ein Rätsel, wieso die Menschen nicht bereitwillig das Licht, die Wahrheit, das Leben aufgenommen haben. Es ist geradezu ein tragisches Motiv mitten in der Botschaft vom Licht: »Und das Licht leuchtet in der Finsternis, und die Finsternis hat es nicht erfasst« (1,5). In den schon zitierten Worten der späteren Verse 10–11 (die Welt erkannte ihn, die Seinen nahmen ihn nicht auf) wird dies gesteigert wiederholt. Ja, manchmal hat es den Anschein, als ob diese Erfahrung eine große Enttäuschung werden könnte, die am Ende irgendwie den Sieg davonträgt. So heißt es einmal bei Johannes fast resigniert: »Obwohl Jesus so viele Zeichen vor ihren Augen getan

hatte, glaubten sie nicht an ihn« (12,37, vgl. auch Röm 10,16).

Aber Jesus zeigt uns, dass wir sehr nüchtern bleiben können in der Wahrnehmung, wie weit unsere Welt, zu der wir immer zuerst selbst gehören, erfasst ist von der Versuchung zum Bösen, gerade zur Gier. Aber wir verzweifeln deshalb nicht, weil wir wissen: »Und das Licht leuchtet in der Finsternis.« Johannes geht sogar noch einen Schritt weiter, wenn er sagt: »Und die Finsternis hat es (das Licht) nicht erfasst.« Johannes, der gerne vielsagend, ja manchmal auch rätselhaft mit den Worten spielt, sagt hier etwas Doppeltes: Die Finsternis hat das Licht nicht erfasst, aber dasselbe griechische Wort (»katalambanein«) kann zugleich so übersetzt werden, dass das Licht in der Nacht nicht überwältigt wird von der Finsternis (vgl. auch Joh 12,35 f.).

Dies ist die Botschaft von Weihnachten. Es wäre schade, wenn wir uns dem Trost dieser Botschaft in ihrer Tiefe und Hintergründigkeit verschließen und sie eintauschen würden nur für das Linsengericht einer oberflächlichen Grundstimmung, die uns freilich immer wieder entgegenkommt.

Dann denken wir in diesen Tagen auch nicht bloß

an uns, oft wehleidig, sondern sehen die vielen Menschen, die in der Finsternis leben und nach Gerechtigkeit hungern. Erst wenn wir die Augen und Hände öffnen für die Bedrängten, können wir voll Freude singen: »Aufgeleuchtet ist uns aufs Neue der Tag der Erlösung. Ein großes Licht ist heute auf Erden erschienen. Kommt, ihr Völker, und betet an den Herrn, unseren Gott!«

Über die Geburt Jesu

ANDREAS GRYPHIUS

Nacht / Mehr denn lichte Nacht! Nacht, lichter als der Tag // Nacht / heller als die Sonn' / in der das Licht geboren // Das Gott / der Licht / in Licht wohnhaftig ihm erkoren: // O Nacht / die alle Nächt' und Tage trotzen mag! // O freudenreiche Nacht / in welcher Ach und Klag // Und Finsternis / und was sich auf die Welt verschworen // Und Furcht und Höllen-Angst und Schrecken war verloren. // Der Himmel bricht! / Doch fällt nunmehr kein Donnerschlag. // Der Zeit und Nächte schuf / ist diese Nacht ankommen! // Und hat das Recht der Zeit / und Fleisch an sich genommen! // Und unser Fleisch und Zeit der Ewigkeit vermacht. // Der Jammer trübe Nacht / die schwarze Nacht der Sünden Des Grabes Dunkelheit / muß durch die Nacht verschwinden. // Nacht lichter als der Tag! Nacht mehr denn lichte Nacht!

Wer wir sind und sein können

WALTER KASPER

»Das Wort ist Fleisch geworden«, Gott ist Mensch geworden – das ist die Botschaft von Weihnachten. Im 11. Jahrhundert lebte in England ein Mönch namens Anselm, der fragte: Warum ist Gott Mensch geworden? Unter diesem Titel – Cur deus homo (»Warum ist Gott Mensch geworden?«) – hat er ein berühmtes Buch geschrieben. Seine Antwort lautet: Die Sünde ist so groß und so mächtig in der Welt, dass allein Gott Abhilfe schaffen konnte; allein Gott ist groß und mächtig genug, um uns Heil und Erlösung zu bringen.

Das ist eine Botschaft, welche heute wieder neu aktuell ist. Wir haben oft den Eindruck: Es geht nichts mehr voran, weder in der großen noch in der

kleinen Politik. Eine äußere und innere Lähmung, viel Resignation und Angst machen sich breit. Die großen Zukunftshoffnungen sind verflogen. Jeden Tag hören und lesen wir von Krieg, Unrecht und Gewalt, von zerbrochenen Ehen, von Hunger, Krankheit und Verzweiflung. Manche Extremisten meinen, man könne den gordischen Knoten mit Gewalt durchhauen; doch jeder Vernünftige weiß, dass wir damit alles nur noch schlimmer machen.
Wo also ist der Ausweg? Wie kann es weitergehen?
Die Botschaft von Weihnachten besagt: Unsere Situation ist schlimm, aber sie ist nicht so schlimm, dass es keinen Ausweg mehr gibt. Gott hat uns nicht im Stich gelassen. Er ist um unseretwillen und um unseres Heiles willen vom Himmel herabgestiegen und ist Mensch geworden. Deshalb lautet die Botschaft des Engels an die Hirten auf dem Feld von Betlehem: »Fürchtet euch nicht!« (Lukas 2,10). Habt keine Angst, schöpft Hoffnung, habt Mut und Zuversicht! Jedem von euch leuchtet der Stern von Betlehem.
»Das Wort ist Fleisch geworden«, Gott ist Mensch geworden. Das sagt uns, wer Gott ist. Es gibt wohl nur wenig bewusste und entschiedene Atheisten.

Aber ein hoher Prozentsatz von Menschen, auch von Christen, hat nur noch eine sehr verblasste Vorstellung von Gott. Früher dachten sich viele Gott als einen strafenden Gott, vor dem man Angst haben muss; heute ist Gott für viele ganz fern, irgendein höheres Wesen, das sich nicht um uns kümmert und um das wir uns nicht zu kümmern brauchen. Gott, wie er sich uns an Weihnachten offenbart, ist nicht dieser namenlose Gott, sondern der persönliche Gott, der ein Herz für den Menschen hat, den es des Menschen erbarmt, ja, dem es wegen des Elends der Menschen das Herz umdreht, der deshalb uns in Jesus Christus geradezu nachläuft, der selbst Mensch wird, um all die Not, all das Leiden und die Schmerzen, die Gewalt, Verlassenheit und Einsamkeit, die Hilflosigkeit eines kleinen Kindes, die Wohnungs- und Heimatlosigkeit eines jungen Elternpaares, die Treulosigkeit seiner Freunde und den Hass seiner Gegner am eigenen Leib zu erfahren. In allem ist er uns gleich geworden. Er ist ein Gott der Menschen. Jemand hat sogar einmal gesagt: Gott ist geradezu verrückt auf uns Menschen. Er ist verliebt ins uns. Er überhäuft uns – wie das Weihnachtsevangelium sagt – mit »Gnade über Gnade«.

Das ist eine ganz unglaubliche Botschaft, die kein menschliches Hirn, geschweige denn ein noch so raffinierter Computer konstruieren konnte. Vor diesem Geheimnis der Liebe können wir nur – so wie die Hirten in der Heiligen Nacht – anbetend niederknien. Diese Haltung des Staunens und der Anbetung müssen wir heute wieder ganz neu lernen, um bewusst und einfach »Danke« zu sagen für so viel Liebe und für die Freude von Weihnachten.
Gott sagt uns in der Menschwerdung seines Sohnes nicht nur, wer er ist; er sagt er uns auch, wer wir Menschen sind. Auch das ist heute nötig. Denn viele haben die Orientierung verloren. Sie wissen nicht mehr, warum und wozu sie da sind. Sie kommen sich wertlos vor. Im vergangenen Jahrhundert sind Wert und Würde des Menschen oft auf der Strecke geblieben. Mord und Totschlag hat es zwar von Anfang an, seit Kain und Abel, gegeben. Aber hat es jemals zwei so schreckliche Weltkriege, so schlimme Massenvernichtungswaffen, so brutalen, Menschen verachtenden Terrorismus gegeben?
Wie banal wir oft über den Menschen denken, zeigt sich daran, dass wir von Ungerechtigkeit, Lieblosigkeit, Treulosigkeit, Eitelkeit, Lüge und vielem

anderen oft einfach sagen: »Das ist menschlich.« Müssten wir nicht umgekehrt sagen: Treue, Anstand, Fairness, Gerechtigkeit und Erbarmen sind die wahre Größe des Menschen und Zeichen einer wahrhaft menschlichen Kultur?
Gott hat durch die Menschwerdung eine eindeutige und endgültige Antwort auf die Frage gegeben: Was ist der Mensch? Die Antwort lautet: Der Mensch, jeder Mensch, ist ein erbarmungswürdiges und zugleich ein liebenswürdiges Wesen. Wir sind erbarmenswürdig, weil wir uns nicht aus eigener Kraft aus unserer Not und unserem Elend befreien können. Wir sind in unserem Elend auf Gottes Erbarmen angewiesen. Unsere Größe ist, dass wir – und zwar jeder Einzelne von uns – für Gott liebenswürdige Wesen sind, so liebenswürdig, dass Gott selbst Mensch geworden ist. Er wollte uns ganz nahe sein. So hat jeder Mensch einen unendlichen Wert, ganz unabhängig davon, ob er Einheimischer oder Fremder, gesund oder krank, alt, behindert ist, unabhängig davon, ob er reich oder arm ist. Jeder ist für Gott liebenswert; jeder ist unendlich wertvoll. Gott wollte Mensch werden, damit wir an seinem göttlichen Leben Anteil haben.

Sind wir uns dieser Würde immer bewusst? Sind wir nach dem Vorbild Gottes barmherzige Menschen, die Erbarmen haben mit den anderen, oder sind wir gleichgültig gegenüber dem Leid anderer? Ist es bei uns im zwischenmenschlichen Bereich nicht recht kalt geworden? Droht die Humantemperatur unserer Welt nicht oft unter den Gefrierpunkt zu fallen? Weihnachten eröffnet uns eine neue Kultur wahrer Menschlichkeit und menschlicher Solidarität.

Gott teilt unser schwaches Menschsein, um uns sein göttliches Leben mitteilen zu können. Wer schon einmal in Betlehem war und dort die Geburtskirche besucht hat, der weiß, dass man sie nur durch ein sehr niedriges Tor betreten kann; man muss sich also bücken, um hineinzukommen. Das scheint mir symbolisch zu sein. Gott selbst hat sich klein gemacht, als er in diese Welt kam. Da dürfen auch wir uns nicht groß machen. Wir müssen uns klein machen, wenn wir zum Kind in der Krippe kommen wollen, und wir müssen uns herunterbücken zu unseren Mitmenschen. Wenn wir niederknien und beten, dann sind wir am größten.

Warum also ist Gott Mensch geworden? Er wollte zeigen, wer er ist und wer wir sind. Er wollte es nicht nur zeigen, er wollte es leibhaftig vormachen und tun. Er wollte den Wärmestrom der göttlichen Liebe in unsere müde und kalt gewordene Welt einleiten. So wollte er das Eis brechen zwischen uns und Gott wie das Eis zwischen uns Menschen. Weihnachten, das ist der Triumph der Gnade, des Mitleids und der Liebe. Sie strahlt auf als Licht im Gesicht des Kindes in der Krippe. »Kommt, lasset uns anbeten!«

Stern der Weihnacht

PAUL WEISMANTEL

Geh in uns auf,
du leuchtender Stern der Weihnacht,
damit das Dunkel in uns von deinem Licht
überwunden und verwandelt wird.
Zieh uns an,
du heller Stern der Weihnacht,
damit wir herausfinden aus den
Gedanken, mit denen wir nur
um uns selbst kreisen.
Geh uns voran,
du schöner Stern der Weihnacht,
damit wir den nächsten Schritt
mutig wagen auf dem langen Weg
zur tieferen Versöhnung.

Spiel uns ein Lied,
du lieblicher Stern der Weihnacht,
damit wir den Ton finden für die
Melodie des Friedens unter uns Menschen
auf dieser Erde.
Führ uns zum Kind,
du klarer Stern der Weihnacht,
damit wir uns berühren lassen
von seinem Geheimnis und darin all das
finden,
was uns heilt und tröstet.

Wir haben seinen Stern gesehen

FRANZ KAMPHAUS

Wie hatten seinen Stern gesehen, die drei. Doch das war lange her. Sie hatten seinen Stern gesehen ... Der hatte sie vom Stuhl gerissen und aus den Matratzen. Aufbruch im Morgengrauen des Lebens. Sie hatten sich auf den Weg gemacht. Doch den hatten sie sich ganz anders vorgestellt: gradliniger, einfacher, klarer und zielstrebiger, nicht über Autun oder Limburg, sondern direkte Luftlinie nach Betlehem. Und nun liegen sie da am Boden und schlafen, alle unter einer Decke, damit sie nicht frieren – ohne Heizung.

Man kann ja auch wirklich müde werden und verzweifeln. Ständig kam etwas dazwischen: päpstliche Instruktionen, Verordnungen im Amtsblatt,

Skandal unter den Getreuen ... Von den immer gleichen Problemen gar nicht zu reden: Die Leute sind stur, kapieren's nicht, wollen ewig alles beim Alten lassen ... Und dann ging auch noch das Geld aus.

Sie hatten einen Stern gesehen. Doch das war lange her. Und der eine war müde geworden, und der andere war frustriert, und der Dritte war einfach sauer und wütend zugleich. Und alle drei hatten sie Blasen an den Füßen und waren lahm geworden. Die Jüngsten waren sie ja schließlich auch nicht mehr. Sie gingen weiter, weil sie halt mal gegangen waren, der Macht der Gewohnheit folgend, nicht dem eigenen Triebe. Die Vision des Aufbruchs war längst auf der Strecke geblieben.

Sie hatten einen Stern gesehen. Aber darüber redeten sie schon lange nichtmehr miteinander; es wäre ihnen fast peinlich gewesen, das Gespräch darüber war versickert. Andere Themen hatten sich aufgedrängt: Wer und was sich alles bei den anderen ändern müsste; wo man wirklich sparen könnte, und was einem alles nicht passt, überhaupt und so. So kam es, dass sie irgendwann alle drei unter einer Decke steckten auf einer bequemen Matratze, irgendwo in Frankreich. Burgund ist das schlechteste nicht – der Wein, der Käse ... Da kann man's zunächst einmal aushalten. Bitte nicht stören!
Wenn da nicht dieser Engel wäre, der die Schlafenden energisch anstupst. Er zeigt auf den Stern. Entschuldigt, sagt er, wenn ich störe, da war doch noch etwas. Da war doch ein Stern, erinnert euch, der hatte euch nicht in Ruhe gelassen. Der hatte euch vom Stuhl gerissen und aus den Matratzen. Ihr wolltet nicht einfach so weitermachen ... Ja, ja, schon gut, sagt der eine unter der Decke und macht nicht mal die Augen auf. Stern, Engel – da kann ja jeder kommen. Er dreht sich um und schläft weiter. Lass mich in Ruhe mit dem Stern, sagt der andere unter der Decke. Ich bin in meinem Leben schon

vielen nachgelaufen. Ich habe schon so viele Aufbrüche zusammenbrechen gesehen, von kirchlichen Ordnungen und Instruktionen ausgebremst. Verschone mich mit solchen Sternen. Ich hab meine Decke, basta!

Einer von den dreien hat die Augen aufgemacht. Nicht dass er den Stern noch im Blick hätte. Er schaut in eine ganz andere Richtung. Aber die Augen hat er immerhin aufgeschlagen. Der Engel stupst ihn an: Schau mal, der Stern! Du brauchst bloß den Kopf zu drehen, umzukehren. Ganz nah ist er bei dir, der Stern. – Die drei bleiben liegen...

Mensch Engel, was nun? Was willst du jetzt tun? Ziehst du den dreien die warme Decke weg? Sie werden dich zum Teufel wünschen und sich endgültig in die Ofenecke verkriechen. Mensch Engel, überleg's dir.

Es gab einmal den Tag, da haben wir seinen Stern gesehen. Es gab einmal den Tag, da hat's uns von den Stühlen gerissen und wir sind aufgebrochen. Und schließlich sind wir immer noch dabei, wie auch immer. Mag sein, dass wir uns zur Ruhe gesetzt oder gelegt haben und denken: Sternzeiten, das war einmal, das ist lange her. Aber noch sind –

hoffentlich – die Augen offen, und irgendwie, lahm oder angeschlagen, sind wir immer noch auf dem Weg. Innen drin, ganz tief im Herzen ahnen wir vielleicht, dass der Stern uns gar nicht so fern ist. Wenn uns doch nur ein Engel anstupsen würde: Schau her, mach die Augen auf! Kehr dich um! Dein Stern, ganz nah, ganz nah ...

Von den drei Magiern heißt es im Evangelium, dass sie auf dem Weg geblieben sind. Mehr noch: Sie haben sich nicht einmal im Palast des Herodes länger aufhalten lassen, obwohl es dort molligere Polster und Decken gab als in Autun. Und schließlich sind sie noch rechtzeitig angekommen in Betlehem, alle drei. Alle Achtung!

Noch ist nicht aller Tage Abend – das neue Jahr fängt gerade erst an. Und: Man soll die Hoffnung nicht aufgeben, mit der Kirche nicht, mit unserer Gemeinde nicht, und nicht – jeder und jede hier – mit sich selbst.

Der Segen für das neues Jahr

Alles Gott überlassen

PAUL WEISMANTEL

Alles Gott überlassen
Die gute alte Zeit mit
ihrem Reichtum und
ihrer Armut, mit ihrer
Fülle und Dürre, ihrer
Leere und Fruchtbarkeit
im Rückblick
noch einmal segnen
und Gott überlassen.
Die schönen und schweren
Zeiten, mit ihrem Glück und
ihrem Schmerz, ihren Gnaden
und ihrer lieben Not, die Stunden
der hellen Freude und die
Tage der dunklen Schatten
des gegangenen Weges
noch einmal segnen und
hinter mir lassen.

Die Vergangenheit
und die Zukunft,
die Jetzt-Zeit
der Gegenwart
von Gott empfangen,
ihm verdanken,
mit ihm teilen,
verbinden und
in seinem Namen
bejahen und segnen.

Die Ruhe des Sabbats

ANSELM GRÜN

Weil Gott am siebten Tag ruhte, soll auch der Mensch am siebten Tag ausruhen. Er soll die Sabbatruhe Gottes genießen. Der Sabbat ist eine Wohltat für den Menschen. Gott selbst hat es dem Menschen vorgemacht. Das Werk unserer Arbeit wird erst vollendet, wenn wir davon ausruhen. Nur dann können wir es auch genießen.

Gott segnet den siebten Tag und erklärt ihn für heilig. Es ist also ein Segen, jede Woche einen Tag für sich zu haben, an dem wir ausruhen dürfen, an dem wir uns nicht beweisen müssen, an dem wir frei sind von allen Erwartungen von außen.

Und es ist ein heiliger Tag, ein Tag, der dem Zugriff der Welt entzogen ist, dem Zugriff der Ökonomie.

Heute hat die Wirtschaft absolutistische und autoritäre Tendenzen. Sie neigt dazu, über alles herrschen und alles bestimmen zu wollen. Alles sollte möglichst nach ökonomischen Gesichtspunkten bewertet werden.
Da ist es eine Wohltat, dass Gott dieser absoluten Herrschaft der Ökonomie einen Tag entzogen hat, der allein dem Menschen gehört. Heilig ist das, was der Welt entzogen ist, worüber die Welt keine Macht hat. Und für die Griechen vermag allein das Heilige zu heilen. Der heilige Tag ist ein heilsamer Tag, der uns guttut, an dem wir frei aufatmen können, ohne beherrscht zu werden von dem Druck, unser Leben zu bewältigen. Jetzt dürfen wir schauen und hören, lesen und feiern. Und wir haben Zeit füreinander.
Wir Christen haben für uns die jüdische Wohltat des Sabbats auf den Sonntag verlagert. Aber auch für uns gilt die gleiche Theologie: Wer ausruht, der vollendet erst sein Werk. Und wer ausruht, wer die heilige Zeit genießt, der wird heil und lebt gesund. Der Rhythmus, den das Geschenk des Sabbats in unser Leben gebracht hat, tut uns gut. Wer im Rhythmus lebt, der lebt seiner Natur gemäß. Und wer im Rhythmus arbeitet, kann auf Dauer effektiver und nachhaltiger arbeiten.

Neujahr

NIKOLAUS KUSTER

E guets Neus!

Ich wünsche es uns allen von Herzen: ein gutes neues Jahr! Wenn Sie die Agenda des alten Jahres nun ins Altpapier werfen, tragen Sie doch das Gute weiter: Erfahrungen, für die Sie dankbar sind; Freundschaften, die Ihr Leben prägen; Begegnungen, die Sie mit neuen Menschen verbunden haben; befreiende Erlebnisse, neue Horizonte und gute Gewohnheiten.

Es braucht keine »neuen Vorsätze«, wenn wir Bewährtes weiterführen, gelebten Werten Sorge tragen, wichtige Beziehungen pflegen, da oder dort weiter dazulernen und gut unterwegs bleiben. Die frühe Kirche hat im Fortdauern der Zeit und in jedem neuen Jahr ein Zeichen von Gottes Geduld

erkannt: Gott möchte uns Zeit geben, das Leben und die Welt aus dem Glauben zu gestalten und zu entfalten. Der Psalm preist ihn als »geduldig und von unendlicher Güte« (Psalm 103,8).
365 neue Tage sind uns geschenkt. Und den meisten von uns noch viele weitere Tage – oder vielleicht auch weniger?

Mensch wie Gott

ROLAND BREITENBACH

Im Anfang war das Wort: Es werde!
Das wurde das Licht.
Es werde! Da wurde der Himmel.
Es werde! Da wurde die Erde.
Es werde! Da wurde der Mensch.
Gottes Wort wirkt.
Gottes Wort bewirkt.
Wenn Gottes Wort mich segnet:
Werde ich zum Licht
gegen die dunklen Mächte.
Werde ich zum Himmel
durch ein gutes Wort.
Werde ich zur Erde
durch eine gute Tat.
Werde ich Mensch,
denn ich mach's wie Gott.

Das neue Jahr

PETRUS CEELEN

Das neue Jahr liegt
wie ein offenes Buch
mit vielen Seiten vor dir.
Jeden Tag neu
schreibt dir das Leben
etwas in dein Buch.
Deine Biografie
ist zwar kein Bestseller,
aber spannend bis zuletzt.
Mit den Jahren lernst du,
zwischen den Zeilen zu lesen,
und du findest den roten Faden.

Ein Buch ist wie ein Garten,
den du in der Tasche trägst.

ARABISCHES SPRICHWORT

Von guten Mächten

DIETRICH BONHOEFFER

Von guten Mächten treu und still umgeben,
behütet und getröstet wunderbar,
so will ich diese Tage mit euch leben
und mit euch gehen in ein neues Jahr.
Noch will das alte unsre Herzen quälen,
noch drückt uns böser Tage schwere Last.
Ach Herr, gib unsern aufgeschreckten Seelen
das Heil, für das du uns geschaffen hast.
Und reichst du uns den schweren Kelch, den bittern
des Leids, gefüllt bis an den höchsten Rand,
so nehmen wir ihn dankbar ohne Zittern
aus deiner guten und geliebten Hand.
Doch willst du uns noch einmal Freude schenken
an dieser Welt und ihrer Sonne Glanz,
dann wolln wir des Vergangenen gedenken,
und dann gehört dir unser Leben ganz.

Lass warm und hell die Kerzen heute flammen,
die du in unsre Dunkelheit gebracht,
führ, wenn es sein kann, wieder uns zusammen.
Wir wissen es, dein Licht scheint in der Nacht.
Wenn sich die Stille nun tief um uns breitet,
so lass uns hören jenen vollen Klang
der Welt, die unsichtbar sich um uns weitet,
all deiner Kinder hohen Lobgesang.
Von guten Mächten wunderbar geborgen,
erwarten wir getrost, was kommen mag.
Gott ist bei uns am Abend und am Morgen
und ganz gewiss an jedem neuen Tag.

Quellenverzeichnis

S. 76: Walter Benjamin, aus: Walter Benjamin. Berliner Kindheit um 1900. | **S. 124:** Dietrich Bonhoeffer, aus: Widerstand und Ergebung. Briefe und Aufzeichnungen aus der Haft. | **S. 122:** Roland Breitenbach, aus: Roland Breitenbach, Stefan Philipps, Nimm Gottes Melodie an und lebe, © Verlag Katholisches Bibelwerk, Stuttgart 2015. | **S. 32 und 123:** Petrus Ceelen, aus: Auf einen Espresso. 365 Inspirationen für das Jahr –für das Leben, © Verlag Katholisches Bibelwerk, Stuttgart 2013. | **S. 15:** Alfred Delp, aus: Gesammelte Schriften Band 3, Verlag Josef Knecht, Frankfurt a.M. 1983. | **S. 36:** Petra Fietzek, aus: In der Stille des Morgens. Inspirationen für den Tag. © CAMINO, Stuttgart 2016. | **S. 86:** Franziskus (Papst), aus: Ein Buch wie Feuer. Die Bibel lesen und leben. © Verlag Katholisches Bibelwerk, Stuttgart 2016. | **S. 69:** Christian Fürchtegott Gellert, aus: Geistliche Lieder und Oden (1757), siehe auch: Evangelisches Gesangbuch, Nr. 42. | **S. 50:** Cornelia Gorenflo, aus: Zum Licht finden. Adventskalender für Trauernde. © CAMINO, Stuttgart 2015. | **S. 118:** Anselm Grün, aus: Was uns leben lässt. Biblische Weisheit für den Alltag. © CAMINO, Stuttgart 2015. | **S. 100:** Andreas Gryphius, aus: Gedichte des Barock, Reclam Verlag, Stuttgart 1980. | **S. 53 und 62:** Hans-Jürgen Hufeisen, aus: Der Himmel klingt in dir. Die heilende Kraft der Weihnachtslieder. © CAMINO, Stuttgart 2015. | **S. 33:** Franz Kamphaus, aus: Zeit – uns geschenkt. © Verlag Katholisches Bibelwerk,

Stuttgart 2016. | **S. 72 und 84:** Kamphaus, aus: Verheißungen, © Verlag Katholisches Bibelwerk, Stuttgart 2014. | **S. 110:** Kamphaus, aus: Gesalbt und nicht angeschmiert. Die Botschaft der großen Feiern im Kirchenjahr. © Verlag Katholisches Bibelwerk, Stuttgart 2014. | **S. 12:** Egon Kapellari, aus: Heilige Zeichen in Liturgie und Alltag, © Verlag Katholisches Bibelwerk, Stuttgart 2008. | **S. 42 und 101:** Walter Kasper, aus: Bedenke dein Geheimnis. Meditationen zu Advent und Weihnachten, © Verlag Katholisches Bibelwerk, Stuttgart 2015. | **S. 34 und 120:** Nikolaus Kuster, aus: Leben tief und weit. Ein biblischer Jahresbegleiter. © CAMINO, Stuttgart 2015. | **S. 23 und 89:** Karl Lehmann, aus: Weihnachten. Die Kraft eines verkannten Festes, © Verlag Katholisches Bibelwerk, Stuttgart 2015. | **S. 20:** Erich Purk, aus: Erwarten. Der spirituelle Adventsbegleiter © Verlag Katholisches Bibelwerk, Stuttgart 2010. | **S. 59:** Purk, aus: Michael Blum und Erich Purk, Einen Engel für dich. © Verlag Katholisches Bibelwerk, Stuttgart 2002. | **S. 40 und 80:** Andrea Schwarz, aus: Auf ein Wort. Biblische Pausen für den Alltag. © Verlag Katholisches Bibelwerk, Stuttgart 2015. | **S. 61:** Theodor Storm, aus: Sämtliche Werke, hg. von Christian Jenssen, Band 8: Gedichte, Berlin und Darmstadt o.J. | **S. 48 und 52:** Paul Weismantel, aus: Seht die gute Zeit. © Verlag Katholisches Bibelwerk, Stuttgart 2007. | **S. 116:** Weismantel, aus: Segensgebete für das Jahr – für das Leben. © Verlag Katholisches Bibelwerk, Stuttgart 2012.

Jürgen M. Schymura ist Verleger und lebt in Stuttgart.

Ein CAMINO-Buch aus der

Gestaltung: Finken & Bumiller, Stuttgart
Herstellung: Finidr s.r.o., Český Těšín
Printed in the Czech Republic

ISBN 978-3-460-50036-5